リヒテルズ直子×苫野一徳
Richters Naoko　Tomano Ittoku

公教育をイチから考えよう

Japanese Public Education Reconsidered

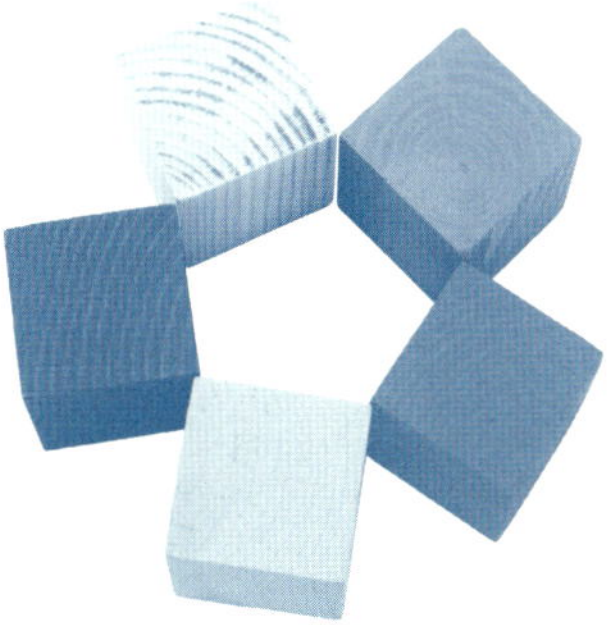

日本評論社

はじめに

リヒテルズ直子

本書は、書名の通り、「公教育」の意味を根底から問い直すことを目的に書かれたものです。「公教育」とは、たんに公立学校で行われる教育のことではありません。私立の学校や大学も含み、国や地方自治体が公共の制度・政策として実施する教育全体を指しています。「公教育」はまた、近代法治国家の成立と密接な関係をもっています。すべての人間に平等に認められた「発達の権利」を保障すべく、国が法律に基づいて実施するものであると同時に、若い人々がやがて社会の成員として未来を築き支えるに足る力を身につけることにより、社会そのものが安定することをも目指しています。

ところがいま、この「公教育」をめぐって、世界中の親、学校、教師そして政治家や官僚たちが、自国の若い人々にどんな力を身につけさせれば、彼らがこの混沌としたグローバル社会を生き抜いていけるだろうかと悩んでいます。その背景には、産業革命以来の産業化と都市化が、経済発展とテクノロジーの発達という正の側面を生んだだけではなく、人類の住処である地球環境の破壊、異文化・異宗教間の対立、国内外での貧富の差の拡大といった深刻きわまる多くの負の側面をも生み出してきたこと、そして多くの国の公教育が、近代国家の成立以来、産業化を支えることを目的として行われてきたことへの反省があります。ここにきて教育者らは、公教育を産業化の論理だけで推し進めていたのでは、社会に山積する問題を解決できないばかりか、ますます悲惨な状況を生み出しかねない、と気づくようになったのです。

私は、高度成長期のただ中で日本の教育を受け、その後約15年間、アジア、アフリカ、ラテンアメリカの開発途上国に住み、それらの国のさまざまな学校の姿に触れてきました。そして20年前に夫の国であるオランダに住み始めました。

オランダの教育に、保護者として、また教育学の徒として深くかかわることで、この国の公教育が、制度的にも内容的にも、親や教員といった市民に主導権を認めた世界的にも比類なものであること、また、それが16世紀末の共和国独立運動以来の市民社会の伝統と、自由と平等を追求する社会全体での弛まぬ教育改革への取り組みに根ざしたものであることを知りました。

この市民主導の公教育が、結果として、子どもたちに、人間としてのトータルな発達を保障するものになっていることは、さまざまな国際比較調査で裏づけられています。OECDの学力調査PISAでは、オランダは欧州地域でトップクラスですし、ユニセフや世界保健機構が行うウェルビーング（幸福度）や健康度の調査でも、オランダの子どもたちは先進国の中で群を抜いています。

こうしたオランダの教育の姿を見ながら、私は長く、日本の公教育のあり方に対して不安と焦りを覚えてきました。いじめ、不登校、校内暴力、無気力・無関心などの問題は言うに及びませんが、それ以上に、いわゆる「優秀な子」「よい子」といわれるような子どもたちですら、彼らが潜在的にもっている力を最大限に引き出されていないのではないだろうか、将来生きていくうえで必要な力を彼らは学校で身につけているのだろうか、日本の公教育は未来社会の安寧と発展に貢献できる市民を育てているのだろうか、と感じてしまうのです。

苫野一徳さんが刊行されたばかりの『教育の力』（講談社現代新書、２０１４年）に出会ったのは、約２年前のことです。その後間もなく苫野さんと直接お目にかかる機会を得、以来、「よい教育とは何なのか」という根源的な問いに真摯に向き合い、哲学的考察を深めておられる苫野さんとともに、日本の内と外から、日本の公教育について議論を深め、未来に向けてリセットするためのなんらかのヴィジョンを生み出すべく対話を繰り返してきました。本書は、その成果を読者のみなさんと共有するためにつくられたものです。

まず第１章で、日本の公教育における問題の所在を指摘し、公教育の本質に照らして議論しています。続いて第２、３章では、個性と協同とホンモノの世界との触れ合いを重視したオランダの学校現場の先進例を示しつつ、その意味を教育哲学の立場から、とくに苫野さんが提唱されている「個別化」「協同化」「プロジェクト化」という枠組みに照らして解説しています。これまでの日本の学校は、画一一斉授業に著しく偏り、子どもの個性を引き出すことは得意ではありませんでした。また、集団の同調行動は強調しますが、集団に属する成員の多様な個性を紡ぎ合わせることで生まれる協同の力を子どもたちに体感させることもあまり得意であったとはいえません。ここではオランダの実践を、苫野さんが「よい教育」の原理的基盤として主張される「自由の相互承認」の観点から見直しています。そして第4章は、それまでの内容を踏まえた私たちの対談です。オランダの教育がいくらよい成果を上げているからといって、歴史や文化的背景の異なる日本に、形だけ取り入れても意味がないことは明らかです。私たちは、オランダの公教育における実践の本質がどこにあるのかを考えながら、日本の公教育の新たなヴィジョンを生み出すべく意見交換をしました。

本書の中で、私と苫野さんの共有するヴィジョンはかなり明確になってきました。読者のみなさんには、このヴィジョンを一つの叩き台として、今後批判的に深め、精緻化していかれることを願ってやみません。そして、それぞれの現場の目的と役割に合わせた独創的な実践を進める際に、そうした実践を鳥瞰するための枠組みにしていただければ、私たちにとってこれほど嬉しいことはありません。なぜなら公教育とは、元来、堅固に動かぬものではなく、現場実践の積み重ねと、現実世界の動向、そして未来への確たるヴィジョンとのあいだを往還しながら、常によりよいものへとダイナミックに変化し続けるはずのものだからです。

公教育をイチから考えよう　目次

第1章

公教育ってなんだ

1 これでも公教育？

リヒテルズ直子

「よい教育」を選べない

東京で、オランダ・イエナプラン教育（イエナプラン教育とは、ドイツの教育哲学者ペーター・ペーターセンが創始し、1970年代にオランダ教育に大きな影響を与え発展していったものです。第2章以下でくわしく説明します）のワークショップを開いていた時のこと。「偶然このワークショップを知った」と参加していた、2歳の娘の父親である起業家の男性がこんな話をしてくれました。

「娘によい教育を受けさせたいと思っていろいろと探しているのですが、どこにも『これだ』と思えるところがないのです。都内では、高学歴の親や裕福な家庭の子どもはたいてい私立校に行き、公立校の質は全体として落ちている。かといって、高い授業料を払って有名私立校に行かせたとしても、結局は受験教育しかしていません。幼稚園から英語の特訓や小学校受験対策をやらせているところに人気が集中したりしますが、僕はそもそも、余計なことをして娘のよい性質や才能を削ぎ落とすようなことをしてほしくないんです。でも、娘のよい面も苦手な面もありのままに受け入れて、この子らしく人間として豊かに育ててくれるような場所が本当にみつからない……」

結局この父親は、ワークショップの2ヵ月後、オランダを訪れて現地のイエナプラン校の様子を見学。ヨーロッパでの起業を決意し、日本での事業を片づけ、わずか1年半ほどで家族を連れてオランダに移住してしまいました。

こんなふうに、一家そろって海外に移住してしまうほどの経済力や行動力、語学力などに恵まれている若い親もいないわけではありませんが、現実には20～30代の日本の親たちにそうした力が備わっているほうが珍しいでしょう。この若い父親のように、もっとわが子が個性を認められて自分らしく育つことのできるよう見守ってくれる幼稚園や学校がほしい、でもそういうところがどこにもみつからないか、あっても自分の経済力ではとても授業料を払えない、だからなかば諦めざるをえないという親は、いま、日本全国にかなりの数いるのではないでしょうか。そもそも、わが子にとって最善の学校を海外に求める親が出てきているという事態を、私たちは少し真剣に考えてみる必要がありそうです。

日本の公教育は、いつからどんな理由で、親の経済力や学歴にかかわらず、子どもを、人間らしく豊かに育てることのできる場所を、無償で保障しなくなってしまったのでしょうか。そもそもこれまでの日本の公教育は、「すべての子どもがそれぞれの個性と能力を認められ、それを最大限に発達させるためのもの」として捉えられてきたのでしょうか。それとも、公教育とは、国のためになる規格化された人材を育成する場にすぎなかったのでしょうか。

学校でわからなければ塾で教えてもらえばいい？

「オランダの小学校では宿題がないそうですが、それなら塾もないんでしょうね。私は自分の子どもを塾に行かせる気は全然なかったのですが、息子が小学5年生の時に、『自分も塾に行きたい』と言い始めたんです。放課後になるとクラスメイトがみんな塾に行く、自分だけ行かないと不安だ、というのが理由でした。友だちと遊びたくても、大半の子が塾に行っているわけですからね。

迷ったあげく、やはり塾に通わせることにしました。小学生のうちは費用もそれほど高くはなかったのですが、中学に進み受験期に入ると毎月何万円もかかります。それに、学校で部活を終えて帰ってきて、バタバタと何か間食してすぐに塾でしょう。家に帰るのは10時頃、夕食はそれから一人で寂しく食べる、毎日その繰り返しです。こんな生活でいいのかな、と思わなくはありませんが、本人が希望するわけですから。塾に行かせなければ、子どもは、私のことを古くさくて頑固な親だと思うでしょうし、『授業料が高い』なんて言うと、子どもの未来を犠牲に節約しようとしているようでいやですしね。いいですね、オランダの子どもたちはみんな本当に伸び伸びとしていて……」

こう話したのは、オランダの学校に視察にやってきていた50歳前後の大学教員。周りにいた10数名の大学生たちに聞くと、全員が高校までに塾通いの経験があると言います。しかも、「行ってよかった」と思っている子のほうが多かったのには驚きました。いまや、塾なくして学校は存立しないかのような有様です。

「学校の先生も、生徒たちはどうせ塾で勉強するからと熱心に教えてくれないんです。息子が高校の時の担任は、進学相談の懇談会で『塾の先生はどう言っていましたか』と親の私に聞くんですよ。教育の専門家であるはずの学校の教員自身が、生徒の学習進度や様子をしっかり観察しながら、発達に責任をもってかかわる気がなくなってしまっているんです。ひどい話とは思いますが、クラスのほとんど全員が塾に行っているわけでしょう、生徒たちも、学校でわからなければ塾で勉強すればいい、塾のほうがよくわかる、と思っているんです。それでは、学校がそうなってしまうのも無理はないなと思ってしまいます」

この大学教員はそう続けました。

この種の話は、オランダに視察にやってくる日本の教育関係者たちから頻繁に耳にします。そうした話を聞くたびに、私は、オランダの小学校で目の当たりにした、ある先生の言葉を脳裏に浮かべます。それは、学期末の保護者参加の懇談会で、小学4年生の女子生徒と話をしていた先生の言葉です。

先生が生徒と向い合わせに座って、生徒と一緒にその学期中の学習を振り返っている様子を、生徒の父親がそばから見ているという場面でした。その女子生徒が「お金の計算の仕方がまだよくわからない」と先生に答えているのを見て、父親が「うちでも練習してみましょうか」と口を挟みました。それに対して、先生は即座にこう答えたのです。

「いいえ、それはやらないでください。そうすると○○ちゃんは、わからないことがあったら家に帰ってお父さんとやればいい、と考えるようになります。学校で出された課題を、自分が責任をもって、学校にいるあいだに終わらせるというのは大切なことです」

学びの楽しさ、豊かな時間を奪われる子どもたち

少し話が逸れますが、経済発展の国際比較の指標としてよく引き合いに出される「時間当たり労働生産性」というものをご存知でしょうか。これは、国内総生産を労働者の総労働時間数で割って出される数値です。

実は、オランダの「時間当たり労働生産性」は、日本の約1・6倍。[※1] こう聞くと、たいていの日本人は、オランダ人が脇目も振らずにデスクにかじりついて仕事をしているという光景を

思い浮かべるようですが、実際はそうではありません。

オランダの労働者たちは、日本人のようにダラダラ残業をしたり、有給休暇もとらずに職場に入り浸ったりすることはありません。フレックスタイムで始業や終業の時間を自分で決め、時間がきたらさっさと帰宅する彼ら。多くは「生きるために仕事をしている」のであって、「仕事のために生きている」などとは思っていないはずです。要するに、勤務時間とプライベートな時間との区別をつけ、家族と過ごす時間を十分にとり、趣味や友人との付き合いを通して気分転換をし、ものの見方を豊かにし発想の転換を図る時間を確保し、クリエイティブで批判的な見方を養い、仕事をより意味のあるものにし、仕事でも私的生活においても社会に貢献しながら生きることが、オランダ人の理想とするところです。

こうした生き方・働き方を追求している大人たちは、子どもたちがガツガツ勉強だけに没頭することを好みません。中学生ぐらいまでの子どものいる家庭では、親子がそろって夕食をともにするのが当たり前のことですし、長いバケーションや週末には、家族が和気あいあいと楽しく過ごしています。

それに比べて、日本はどうでしょうか。子どもたちは、放課後、心おきなく趣味や読書に没

※1　労働生産性については、通常、ＯＥＣＤのデータが用いられるが、日本では日本生産性本部がこれらのデータをもとに報告書を出している。２０１５年度版報告書によると、日本の時間当たり労働生産性は41・3ドルであるのに対し、オランダのそれは67・3ドル（購買力平価ＰＰＰ換算済み）で、単純計算で約１・6倍といえる。

頭することも、友人と交わって共感の心を育てることもせずに、塾に通い、家庭教師に指導されて、学校の勉強を反復しているのです。一日中勉強漬けになり、遊ぶ時間も眠る時間も奪われ、家族や友人と交わる時間もない子どもたちに、ストレスがたまらないわけがありません。そういう生活が、人間としての成長に歪みを生むのは当然でしょう。

学習とは、本来楽しいものであるはずです。これからの社会がますます必要とする人間のさまざまな創造力や批判的な思考力は、学ぶことに喜びを感じられる環境の中で初めて育つものです。しかし日本の子どもたちは、まだ生まれてほんの数年の、幼稚園に通う年齢の時から、「勉強とは一所懸命励むもの」「勉強が他人より遅れたら人生に失敗してしまう」という外からの強制と脅しの中で、学ぶことの楽しさを奪われ、生きがいを見出すうえで大切な好奇心を摩滅させられているのです。

こういう子どもたちが大人になった時、彼らがつくる社会は果たしてどれほど創造的でエネルギーに満たされたものになっているでしょうか。そこに生きている人々は、他者とともに社会にかかわり、問題解決に積極的に取り組んでいこうと思うようになるのでしょうか。

結局は営利目的の教育産業

オランダに視察に来た、ある別の大学教員は、シングルマザーとして一人息子を育てていたジャーナリストになることだけを夢見ていました。

人でした。

「私の息子は東京の某有名大学に入って、ジャーナリストになることだけを夢見ていました。塾の先生も、そういう息子の意志を聞いて、『いま苦しくても頑張っていれば必ずいい大学に入れる。そして君の希望するままに人生が開かれるぞ』みたいなことを言い続けていました。私も仕事が忙しく、息子とじっくり話す時間がなかなかとれませんでした。たまに話をしようとしても、息子にとってはその大学に入ることだけが当面の目標になってしまっていました。でも、息子は結局その大学に合格できなかったのです。私は、残念だとは思いましたが、ほかにいくらでも道は見つかるから大丈夫と、それほど悲観してはいませんでした。しかし、息子は、入れるはずと思っていたその門をくぐれなかったことですっかり意気消沈してしまい、傍からなんと声をかけてもまったく耳に入らないほどの落胆ぶりでした。彼はそれから、それまで使っていた学校の教科書や塾の問題集などをどんどん捨て始めたんです。何もかもすっかり意味がなくなってしまったかのようでした。私はハラハラして、できるだけ息子と話す時間をつくり、父親とも会って話をするよう勧めました。それで少しずつ落ち着いてきたので安心しましたが、あの時の敗北感は、彼の中でたぶん一生続くのではないかと思います」

受験で成功することが人生を切り開く第一歩。学校で落ちこぼれたり受験に失敗したりすることは、幸福な人生への切符を取り損ねたも同じ。18歳の若さで、みずからに「負け組」のレッテルを貼って、自己肯定感とは正反対の精神状態に放り込まれる……。そういう、必要のない無意味な敗北感をもったまま大人になっていく子どもが、日本にはあまりに多すぎます。

そして、子どもたちから遊ぶ時間や家族と過ごす時間を奪い去って、「いま苦しみに打ち勝てば、やがて幸福な人生を手に入れられる」と無責任にささやいているのは、塾や家庭教師といった大小の教育産業に携わる大人たちです。大人たちが寄ってたかって、子どものためというよりも自分たちの立場や利益のために、子どもたちの可能性を損っているのではないでしょうか。

そうした大人たちの一人ひとりに会って話をしてみると、大半の人が、「学校がすっかりダメになっているから、せめて自分にできることを」という思いで、「教育」事業にかかわっているのだと言います。彼らは、自分が営利の仕組みの中に組み込まれてそれをどうすることもできないでいるのを内心では承知していながら、「子どものためにやっているのだ」と、自分だけはその仕組みのもたらす結果の責任から免れているかのような態度をとります。自分たちの行為が日本の公教育の歪みをますます大きくし、本来の姿に戻せなくしているということへの責任を、彼らはどれほど感じているのでしょうか。

さらに恐ろしいことには、少子化が進む中で、塾産業はその対象を、従来の高校生や中学生から、小学生やもっと低年齢の子どもたちにまで拡げています。「少しでも早く勝ち組に入れるように」と、小学生を対象とした合宿訓練なども流行しています。キャッチーな宣伝につられた親たちは、わずか数日で何万円もの費用がかかる合宿にわが子を参加させ、10歳にも満たない子どもたちが集中ドリル練習に取り組ませられるのです。企業戦士の塾教師たちが大声でかける叱咤激励のもと、子どもたちは「必勝」などと書いたハチマキを頭に巻きつけ、個性などまったく無視されて、大きなホールに何十人も一緒に並んで反復学習に励まさせられる……。成績ランキングにさらされ、「負けることは恥」と心に刷り込まれ、最後にはおおげさな打ち上げ花火までして、合宿終了がお祭り騒ぎで祝われます。こうした偽りの「達成感」に陶酔させられる子どもたちの中には、涙すら流す子が何人もいるのです。競争神話の刷り込み以外の何ものでもないこうした行為に「教育」という看板をつけて親から金を巻き上げているこんな国が、世界のどこにあることでしょう。

脳科学の最近の研究では、子どもの能力発達の柔軟性は年齢が低いほど大きいことがわかっています。本来、子どもは、生きるために必要なことを本能的に求めて発達するものなのです。しかも10歳ぐらいまでの子どもたちは、それ以後に比べて何倍も多くの能力を吸収できるといいます。[※2] そして、生きるために必要な能力とは、読み書き算といった認知的能力だけに限らず、音楽や芸術などの表現能力、ものごとを深く考える能力、自然界の動植物を注意深く観察する能力、人と交わり相手の感情に触れる能力など幅広いものであることはいうまでもありません。

※2　Vreugdenhil, K.: *Breinkennis voor Opvoeding en Onderwijs*. Noordhoff Uitgevers, 2014.（『育児と教育のための脳科学知識』）

あこぎな手法で営利を追求する教育産業の中では、人間が社会で他者とともに生きていくうえで必要なさまざまな能力が配慮されることはなく、「テスト」で数値化できる狭い能力だけが強調されます。

「子どもはどのように育つべきか」「子どもの脳はどういう時によく発達するのか」「教師は子どもにどのような態度でかかわれば学びを最善の形にすることができるのか」などといった、世界の教育学者や教育心理学者らが蓄積してきた知識などは一欠片ももっていない大人たちが、商売のやり方に長けているというだけの理由で子どもたちの教育に携わってしまう。こうした現状に養育の責任者としての親は気づくべきだし、批判の声をあげてよいはずです。

いまだに画一一斉授業と学年制

日本経済の原動力は世界に誇る技術革新であったはずですが、こと公教育に目を移すと、意外な遅れがあることをご存知でしょうか。

日本からオランダに教育視察にくる人たちが必ずといっていいほど声をあげて驚くのは、オランダの学校のIT設備の充実ぶりです。現在、小学校から高校まで、オランダ国内のほぼすべての教室には、教師用のコンピューターが1台と生徒用のコンピューターが2台置かれています。チョークの粉が舞い飛ぶ黒板やホワイトボードなどはどこにも見当たらず、代わりに、インターネットに接続され、タッチボードなどでインタラクティブにスクリーンを使えるスマートボードが、文字通りどの教室にも設置されています。このほか、学校には、クラスの子どもたち全員が調べ作業や試験の際に一斉にコンピューターを使える教室があります。移民や難民の子どもなどオランダ語のできない生徒が多い学校では、コンピューターの数を増やしたり、貸出用のノートパソコンを用意するなど、子どもたちが個別のレベルとテンポでオランダ語を学べるように、デジタル教材を使って授業をしています。

日本の教室とのあまりの違いにびっくりしている日本人視察団を見て、反対に驚いているのはオランダの先生のほうです。

「ええっ？　でも日本はコンピューター生産国でしょ、このスマートボードは日本製よ。こんな機器は、日本ならもうずっと前から学校に浸透していると思っていたわ」

私も日本の学校の授業を見ることがありますが、いまだに黒板やホワイトボードが主流。研修授業などに出ると、公開授業をする教員が前夜に睡眠時間を削って準備してきたらしい、画用紙や模造紙、色紙を切り貼りして作った教材を、セロテープで黒板に貼ったり剝がしたりしながら授業をしています。先生たちが、限られた時間の中で満身の努力をしていることを思えば、それを批判することなど私にはできません。むしろ批判したいのは、日本の公教育への投資の小ささです。

子ども一人ひとりのニーズに応じるためには、教え方を多様に分化させることのできるさまざまな教材やIT設備が必要であるということは、オランダの学校では常識です。しかし、公教育費が少ない日本の学校では、「画一一斉授業が最も効率的である」という不動ともいえる前提のもとで授業がつくられているために、個々の子どもの発達段階とニーズに柔軟に応じることができないのです。

問題は、こうした「最小限の投資による効率化」ばかりを狙う国の施策によって、すっかり「粗末」となり硬直してしまった日本の公教育が、公的な縛りを受けない塾産業や、親が教材やサービスを購入する教育産業を助長させ、結果として、営利ベースの教育機会にアクセスできない貧困家庭の子どもたちが、最新のメソッドや機器に触れる機会から遠ざけられていることです。そして、画一一斉型の授業だけを金科玉条として管理され、子ども一人ひとりを丁寧に育てる機会を与えられず、やがては疲れて燃え尽き寸前になってしまっている教員たちが、ストレスと過労で浮かない顔をしながら働く教室の中で、誰からも助けられることなく放置されていることです。

日本の公教育がここまで崩壊してしまったのは、いったい誰のせいなのでしょうか?

教育格差は国の経済を停滞させる

２０１４年末、ＯＥＣＤ（経済開発協力機構）が"Trends in Income Inequality and its Impact on Economic Growth"[※3]（所得不平等とそれが経済成長にもたらすインパクトの趨勢）という報告書を出しました。その報告書の結論は、次のようにまとめられます。

①富裕層と貧困層の所得格差は、大半のOECD諸国において過去30年で最大になっており（上位10％の所得は下位10％の9・5倍）、②所得格差の拡大傾向が経済成長を大幅に抑制している（ジニ係数の上昇＝格差の拡大により多くの国でGDP成長率が6～10％押し下げられている）。③成長にとって最も重要なのは、置き去りにされている低所得の世帯への対応だが、成長に対する格差のマイナス影響は、貧困層ばかりでなく、所得分布の下位40％にまで及ぶ。④これは、とりわけ不利な社会的背景におかれた人々が教育に十分な投資をしないためである。⑤経済成長に悪影響を及ぼす格差を是正するためには、税と給付による再分配が必要で、⑥とくに、再分配の取り組みは、人的資源への投資にかかわる、子どものいる世帯や若年層に対して行われるべきである。

簡潔にいえば、「産業や経済活動のグローバル化によって進んだ世界各地における経済格差は、教育に投資できない貧しい層を増加させ、結果的に国の経済成長を止めることにつながっ

※3　Cingano, F.: Trends in Income Inequality and its Impact on Economic Growth. *OECD Social, Employment and Migration Working Papers* No.63, OECD Publishing, 2014. 報告書の要約はOECD雇用労働社会政策局がウェブサイトで公開している（http://www.oecd.org/els/soc/Focus-Inequality-and-Growth-JPN-2014.pdf）。

ている。それを是正するためには、税収の再分配、とくに貧困層への教育支援に力を入れるべきだ」ということです。

日本の現状は、ここで指摘されている問題の典型例です。すなわち、長きにわたり続いた学歴社会と受験競争によって確立してしまった学歴偏重の社会意識（子どもの人間性尊重の欠如）、それがもたらした塾・教育産業の無節操な蔓延（次世代教育の営利事業化）、それが逆に学校関係者に次世代教育の責任の放棄を促していること（公教育の荒廃）です。さらには、教育委員会とその末端管理を請け負う校長ら管理職による微に入り細にわたる行政指導のために、教員たちが現場の子ども一人ひとりの全人的な発達を支援する際に必要な判断を下す自由裁量権を取り上げられてしまっていること（教育の自由の剥奪）、他方、このように硬直した公教育制度の中で、塾にも行けず家庭教師にもつけず、企業が販売する問題集・デジタル教材・ビデオ教材などにもアクセスできない貧困家庭の子どもたちが、学力競争のスタートラインで最初からハンディキャップを負わされている（発達の権利の剥奪）という実情です。

教科書中心主義の問題点

こうしてみると、日本の公教育の問題の大もとは、直接的には学歴社会と受験競争にあるといえるでしょう。そして、この競争的な学歴社会を生んだのは、学校教育を「優れた人材の選抜システム」とみなす考え方にあることも明らかです。

日本の学校、とくに小学校から高校までの教育を知識偏重にしている背景には、長く点数評価を中心に行われてきた入試制度があると思われますが、その出題の基盤とされる教科書制度にも多くの問題があります。もちろん、子どもたちが学ぶべき知識の集大成としての教科書の意義は大きなものです。しかし、その一方で、教科書だけを過度に重視する授業や試験制度のあり方に問題があることにも私たちは目を向けるべきではないでしょうか。少し長くなりますが、ここで、日本の教科書中心の学校教育がもっているいくつかの深刻な問題に触れておきたいと思います。

問題点の一つ目は、（検定）教科書の内容だけが「正しい」ものであると考えられ、学力テストや入学試験なども「教科書に書かれているかどうか」ということを基準に作られているということです。そのため、それ以外の知識や情報を不必要に軽視する、あるいは、それに対して偏見をもつ傾向が生まれています。

二つ目は、教科書は、同年齢集団の平均的な発達を前提として作られていることです。実際には、子どもたちの精神的発達は、小学校入学時点でも大きな開きがあることが知られており、小学校修了時にはその開きはもっと大きくなります。ましてや、子どもにはそれぞれ得意・不得意があり、教科によっても進度は異なるのが普通です。「平均的な発達」とよくいわれますが、そのような「平均的な発達」をする子どもは現実にはほとんどいないのです。教科書会社が指定した時期と順序にしたがって教えるというやり方では、多くの子どもの発達段階に合わないのは当然です。

三つ目に、教科書の内容は、現場での実践経験のある教師たちの考えというよりも、学者の見解が優先して作られていることです。本来、〈よい教育〉は、理論と実践とのあいだの継続的な往還を通して実現されるものです。実際に現場で教えている教師たちの知見や経験は、当の教師たちが使う教科書に活かされているでしょうか。

四つ目に、教科書をことのほか重要視することで、「学習」とは紙面上の知識をもとに行われるものだという思い込みが生まれてしまうことです。あとでくわしく触れますが、人間は本来、自然や社会の生きた現実に触れることから学び始めるものです。教科書の内容にあまりにとらわれた教え方には、子どもたちがそうした生きた素材との接触をきっかけに好奇心を抱いたり、その好奇心が生み出すホンモノの学びの絶好のチャンスを捉えたりすることができなくなるというリスクがあります。ましてや、入試合格を目の前の目標として設定してしまうと、生きた現実について関心をもったり考えたりする力を伸ばすチャンスはますます失われていくでしょう。

五つ目に、日本の教科書には、オランダなど多くのヨーロッパ諸国にはない「検定」という縛りがあるため、教科書会社が自由闊達な発想で教科書を作ることができなくなってしまっていることです。どの会社の教科書を見ても内容に大差ないという現実は、学校関係者なら誰もが知っています。選ぶ自由があるようで、実は選択肢といえるほどの多様性はなくなってしまっているのです。質やレベルの維持という本来の目的は、現在ではあまり意識されておらず、検定はむしろ独創的で革新的な取り組みを阻害しているようにもみえます。

六つ目に、教科書の作成、検定、採択、無償給付などにかかる費用の問題です。こうした費用を、直接、学校に教育費として支給したり、後述する発達モニターなどに転用したりしたほうが、よりよい教育のために役立つのではないでしょうか。まして、「無償」で配られる日本の教科書は、率直にいって、オランダの教科書に比べて、内容が恥ずかしくなるほど貧困です。活字が必要以上に大きく、そのぶん内容が乏しいといわざるをえません。オランダにも教科書にあたるものはありますが、それは多様な教材群の一部です。一般的に、子どもたちが最低限達成すべき内容ではなく、どんどん深く学べるよう、たくさんの情報や課題を示して、子どもたちがチャレンジできるようになっています。すべてを覚えなければならないわけではないので、分厚く、写真やネット上の情報とのリンクもあり、今日ではデジタル教材と組み合わされているのが通常です。

元来、欧米の学校では、小学生に毎年教科書を配布するという習慣はあまりなく、教科書をはじめとした教材群は、備品として学校で保管されます。オランダでは、教科書も問題集も副読本もデジタル教材も、各学校が、国から支給される教育費を使って、教材会社が作成しているものの中から、必要に応じて独自に選んで購入します。購入された教材群は、普通、数年間にわたって使われますから、購入費用も節約できます。

オランダでは教科書の内容についての「検定」はなく、先述のように各学校が自校の生徒の性質にふさわしいと思われるものを選んで購入していますが、もし教材としてふさわしくないと思われるものが見つかったり、教科書の内容が時代遅れだと感じたりすれば、親が学校に苦情を言うことができます。内容が偏向的だとか差別的、または法に反しているなど社会的に問題のある教材であることがわかれば、教育監督局に苦情を申し立てることもできます。

いずれにしても、教科書中心主義的な教育は、子どもの個別のニーズに合わせて教えることを困難にします。その結果として、公教育以外の教育機会にアクセスすることが難しい貧困層の子どもたちの力が引き出されないまま、無駄にされてしまうのです。

オランダの社会と公教育

回り道をしましたが、前述のOECDの報告書に話を戻します。経済格差に関して、この報告書にはオランダについての興味深いデータがありました。

多くの国のジニ係数は、1985年から2011年以降にかけてある程度上昇しています(格差が拡大したということです)。その中で、オランダは、ベルギーやフランスと並び、ジニ係数の上昇が比較的小さかったのです。

図1[※4]にみられるとおり、オランダ国内の格差は、現在でも北欧諸国に比べるとやや大きいのですが、この30年のあいだ、ノルウェー、デンマーク、フィンランド、スウェーデンなどの福祉国家のいずれにおいても所得格差が目立って拡大しているのに対し、オランダではほとんど拡大していません。

オランダといえども、２００９年頃から始まったユーロ危機の打撃は大きく、この数年のあいだに経済成長は鈍化し、失業も増えました。財政緊縮政策が続き、福祉制度にも影響が及びました。２０１５年からは、「参加型福祉」として、福祉政策の主体が国から地方自治体に移管され、ＮＰＯやボランティアを活用したインフォーマルケア重視型の福祉に移行するなどの大きな改革も行われています。

しかしそれでも、「自立して生活できない人たち」へのケアに関しては以前とほとんど変化がなく、国は質を落とさないための創意工夫を意識的に自治体に呼びかけ監督しています。また、生活保護を受けるような最も貧しい人々が、税制改革や社会保障制度改革によってそれまで以上に痛手を受けることがないよう、十分に配慮されています。「何があっても、痛みは、それを負う余裕のある人々が引き受ける」という一種の不文律のようなものが、この国にはできあがっているのです。

※4　ＯＥＣＤのデータベース（http://www.oecd.org/social/income-distribution-database.htm）より。

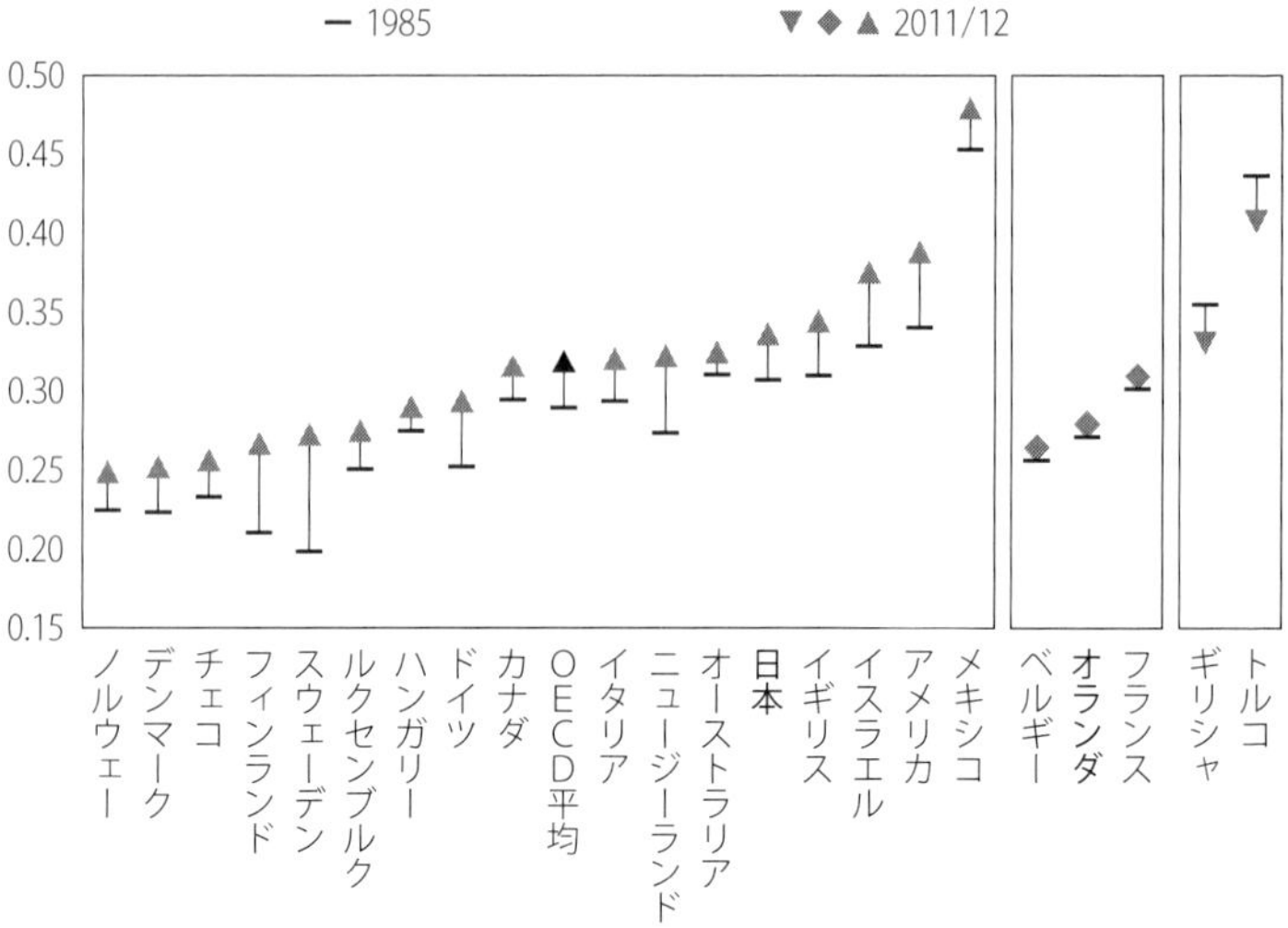

図1　オランダ、日本を含むOECD諸国の所得格差（ジニ係数）の変化（1985〜2011/12）

同時にきわめて重要なのは、国が、経済格差を教育格差に直接結びつけないように、貧困層に対する教育支援に潤沢な資源を投入してきたことです。

さらに、日本との対比でとくに注目されるのは、諸々の公教育の実施者（学校と教員）に対する国庫資金の配分を法的に平等にし、そのうえで自由裁量権にもとづく創意工夫を促し、公教育の中に多様性を生み出していることです。その結果、一見独創的な教育方法を売り物にして顧客を得ようとする教育産業が乱暴に公教育に入り込む余地が生まれないのです。こうしたオランダの状況に比べて、現在の日本は、富裕層ばかりでなく貧困層に対しても平等に、子どもたち一人ひとりの力を最大限に引き出すべく、親に過剰な負担がかからない形で高い質の教育を提供できる仕組みをもっているでしょうか。

また、オランダでは、第2章でくわしく説明する「教育の自由」によって、学校の教員たちが自由裁量権をもっていると同時に、親にも学校を選ぶ権利が保障されています。それに対して日本の公教育では、教師や親は、自分が「よい」「正しい」と信じる教育を選択する（それも、無償で）権利を保障されているでしょうか。

2　そもそも公教育は何のため？

苫野一徳

日本の教育に対するリヒテルズさんの問題提起を受けて、このパートでは、そもそも公教育はいったい何のために存在しているのか、原理的に明らかにしたいと思います。そして続く章では、この公教育の本質を踏まえたうえで、日本の教育を今後どのように構想していけばよいのか、具体的な提言を行います。

教育における信念対立

なぜ、公教育をその「本質」から考える必要があるのか？　それは、教育の最も根底的な「本質」が共有されなければ、それぞれがそれぞれの教育観をただぶつけ合うだけで、教育論議はひどい混乱と信念対立を繰り返し続けるほかなくなってしまうからです。

たとえば、子どもたちを集団生活において統率することを好む教師と、子どもたちの主体性を重視し、学習も共同生活も、できるだけ子どもたち自身に任せることを好む教師との対立があります。

前者はたとえば、「社会において集団生活を営むためには、わがままを排して集団に自分を合わせる訓練をしなければならない」と主張します。それに対して後者は、「学校は一人ひとりの個性を活かし、伸び伸びと学習や生活ができる環境である必要がある」と主張します。

こうした対立は、いまいみじくも「好む」という言葉を使ったように、学校現場では多くの場合、ほとんど〝好み〟の問題として現れているようにも思われます。前者の立場の教師は、統率された集団、言われたことを言われた通りにしっかりとこなせる生徒集団が心地よく、後者は、子どもたちの自由な雰囲気を好み、時に「起立、礼、着席!」とか、「前にならえ!」とかいった号令にも、生理的な嫌悪感を抱く教師だったりするのです。

こうした異なる〝好み〟をもった教師たちが、「あいつは何もわかっていない」と腹の底で互いに罵り合う。同じ〝好み〟をもった教師同士が集まって、別の〝好み〟をもった教師たちを批判する。そのような光景に、わたし自身これまで何度も出くわしてきました。

教育の方法をめぐる対立も無数にあります。たとえば、また後に詳論するように、昨今アクティブ・ラーニングが教育界をにぎわしていますが、従来通りの一斉授業を好む教師は、時に反アクティブ・ラーニング派を形成します。あるいは、アクティブ・ラーニングの推進派のあいだでも、自分たちのアクティブ・ラーニングこそが正しい、あいつらは亜流だ、といった党派争いのような対立が起こっています。

なぜ教育をめぐって信念が対立するのか

教育は、こうした信念対立がとくに多岐にわたって繰り広げられる世界です。理由は大きく二つあります。

一つは、誰もが教育を受けた経験をもっているために、それぞれがそれぞれの教育観を、強固に、そして素朴に抱いてしまいやすいということ。わたしたちは、それが広く共通了解可能なものか十分吟味することなく、自分の教育観の正しさを主張し合ってしまうことがあるのです。

このことと密接にかかわりのあるもう一つの理由は、これまで、誰もが納得しうるような教育の「本質」が力強く提示されてこなかったこと。そもそも何のための教育かということが共通理解されていないからこそ、わたしたちは、お互いの教育観や〝好み〟を、ただ素朴に主張し合うことになるのです。

しかしこれは、逆にいえば、できるだけ誰もが納得しうる教育の「本質」が見出され、そしてそれが広く深く共有されたなら、わたしたちは対立から協同へと、実践を力強く押し上げていくことができるはずだということです。少なくとも、そのための道筋を見出すことはできるはずです。

わたしは教育哲学者として、これまで教育の「本質」を解明・提示することに力を注いできました。哲学の最も根本的な営み、それは、「本質」洞察に基づく「原理」の提示です。たとえば、「よい」社会の本質を洞察し、そのような社会はどうすれば実現可能か、その最も根本的な考え方(原理)を明らかにすること。あるいは、幸福の本質を洞察し、ではどうすれば人は幸福になれるのか、その最も根本的な考え方(原理)を明らかにすること。こうした物事の根本をとことん考え抜くことが哲学の仕事です。

以下でわたしは、教育の「本質」をまずは明らかにしたいと思います。そしてそのうえで、教育をめぐるさまざまな信念対立を克服する理路を提示します。さらに、続く諸章では、リヒテルズさんが紹介されるオランダの教育の実践知に学びながら、今後日本でどのような教育を構想・実践していけばよいか、その原理(考え方)と具体的方策を提示していくことにしたいと思います。

「欲望・関心相関性」の原理

そもそも教育とは何か。そしてそれは、どうあれば「よい」といえるのか。これまでいくつかの本で述べてきたことと重複する部分もありますが、以下ではまずこの問いに答えたいと思います。

しかしその前に、教育を考える際に前提・共有しておかなければならない哲学的な〝考え方〟について、まずは論じておくことにしましょう。

それは第一に、絶対に「正しい」「よい」教育などはない、ということ。そして第二に、しかしそのうえでなお、わたしたちは、誰もが納得しうる共通了解可能な教育の本質を明らかにすることはできるということです。

このことを理解するために、以下ではまず、哲学がこれまでに培ってきたきわめて重要な原理について、簡単に説明しておくことにしたいと思います。

「欲望・関心相関性」の原理と呼ばれるものがそれです。端的にいえば、これは、わたしたちは世界の一切を、わたしたちの欲望や関心に応じて認識しているという〝認識の原理〟です。たとえば、わたしは目の前のペットボトルの水を、喉が渇いた時には飲み水として認識します。しかし、誰かに襲われた時には武器として認識するかもしれないし、遊びたい時にはおもちゃとして、肩が凝った時には肩たたきとして認識することもあるでしょう。要するに、世界の一切は、常にわたしたちの欲望や関心に応じてその意味や価値を現すのです。

教育についても同様です。

先の例でいえば、集団統率的な教育を好む人は、たとえば、自身がそのような教育を受けたことで成長できたという経験から、子どもたちにもそのような教育を与えたいという関心を抱いているのかもしれません。逆に、生徒の主体性や個性をできるだけ活かした教育を好む人は、もしかしたら、自身が受けてきた集団統率的な教育への違和感や嫌悪感があって、子どもたちにはそうした経験をしてほしくないと感じているのかもしれません。

どのような教育も、原理的にいって必ず欲望・関心相関的なのです。その意味において、誰にとっても絶対に「正しい」「よい」教育というものは存在しないのです。

「自由」への欲望

しかし、このようにあらゆる教育論がまさに欲望・関心相関的であるがゆえにこそ、わたしたちは、教育の本質についてある一定の共通了解を見出すことも可能なのです。というのも、わたしたちはここで、「誰の欲望・関心をも満たしうる考えはあるか」と問いを展開していくことができるからです。そしてわたしの考えでは、その答えは、哲学の長い探究の成果によってすでに明らかにされているのです。

それが、「人間的欲望の本質は自由である」というテーゼです。G・W・F・ヘーゲルという、19世紀ドイツの哲学者によってとくに明確に打ち出されたテーゼです。

人間は、誰もが必ず「自由」への欲望をもっている。ヘーゲルはそう主張するのです。

もっとも、「自由」は哲学史上最も激しく議論されてきた概念の一つです。そのため、本書ではその本質に深く立ち入ることは残念ながらできません。[※5] ここではさしあたり、「自由」の意味を「生きたいように生きられること」と理解しておくことにしたいと思います。わたしたちは誰もが、必ず「生きたいように生きたい」、すなわち「自由」に生きたいという欲望をもっている。そうヘーゲルは言うのです。

このことを、わたしたちはみずからに問うという形で検証することができます。ここではその検証は割愛しますが、読者のみなさんにも、ぜひ自身に問いかけ、吟味検証していただければと思います。

「自由の相互承認」の原理

さて、しかしわたしたちは、まさに「自由」を求める存在であるからこそ、互いに自分の「自由」を主張して、しばしば争い合うことになってしまいます。

ヘーゲルは言います。人類の1万年以上におよぶ戦争の歴史は、まさにこの「自由」をめぐる闘争の歴史にほかならないのだと。つまり、人類が長いあいだ戦争をなくすことができずにきたのは、わたしたち人間が「自由」への欲望をもっているからなのだ、と。

動物は、「自由」への欲望をおそらく人間ほどにはもっていません。彼らはいわば本能のままに、つまり基本的には自然の摂理に従って生きている。だから、人間のような大規模な戦争を繰り返すことはまずありません。

しかし人間は違います。富や権力への欲望、憎悪や嫉妬など、戦争の理由はたくさんありますが、その根底には、「生きたいように生きたい」という「自由」への欲望があるのです。

この戦いを、どうすればなくすことができるだろうか？

古今東西、この問いには無数の哲学者たちが挑んできました。そして二百数十年前、その決定的な答えが、近代ヨーロッパにおいてついに見出されることになりました。ジャン＝ジャック・ルソーやヘーゲルといった哲学者たちが、何世代にもわたる思想のリレーを通して、誰もができるだけ平和で自由に生きるための根本条件を明らかにしたのです。

わたしたちが「自由」への欲望のゆえに争いをなくせないのだとしたら、この争いを終結させるための考え方は一つしかない。彼らはそう考えました。

お互いの「自由」をただ素朴に主張し命を奪い合うのでも、これを絶対権力のもとに抑えつけて支配するのでもなく、お互いにお互いが「自由」な存在であることを認め合い、そしてそのことをルール（法）として定めること。これだけが、人類が自由かつ平和に共生できる道で

※5 「自由」の本質については、拙著『「自由」はいかに可能か──社会構想のための哲学』（ＮＨＫブックス、2014年）を参照されたい。

ある。ルソーやヘーゲルはそう主張したのです。

これを「自由の相互承認」の原理といいます。今日においても、きわめて原理的な考えだとわたしは思います。

先にわたしは、哲学は物事や問題の「本質」を洞察することで、その問題を力強く乗り越えるための「原理」（考え方）を提示する営みだと述べました。ルソーやヘーゲルは、まさに、人間の争いの「本質」をわたしたちの「自由」への欲望に見出し、そしてそこから、この問題を克服するための「原理」――「自由の相互承認」の原理――にたどり着いたのです。

現代のわたしたちからすれば、これはある意味当然の原理のように思えるかもしれません。しかしルソーやヘーゲルの時代、このような考えは世界中のほとんど誰も知らないものでした。いや、テロリズムや格差の問題などを抱える現代社会においてもなお、この原理は、まだまだ十分に共有も実現もされているとはいえないでしょう。

だからこそ、わたしたちはあらためて、誰もが「自由」に生きたいのだとするならば、それを可能にする社会は「自由の相互承認」に基づいた社会のほかにないのだということを、とことん自覚する必要があるのです。

法・教育・福祉

では、この原理にもとづいた社会を、わたしたちは具体的にどのようにつくっていくことができるでしょうか？

結論からいえば、その最も根底的な条件は次の三つです。すなわち、法・教育・福祉。

まずわたしたちは、法によって、誰もが平等に「自由」な存在であることを理念的に保障される必要があります。基本的人権の保障は、その根底をなすルールです。

しかしそれだけではまったく十分ではありません。どれだけ法によって一人ひとりの「自由」が保障されても、わたしたち自身に「自由」になるための〝力〟がなければ、そのようなルールなど絵に描いた餅にすぎないからです。

そこで登場するのが、公教育です。つまり公教育は、一人ひとりが「自由」に生きられるための〝力〟を、必ず全員に保障するという使命をもって登場したものなのです。

明治期に、富国強兵と殖産興業のために公教育を導入した日本は、公教育を「公」に奉仕するための教育としてイメージしてきたきらいがあります。しかしそれは完全に転倒した考えです。公教育は、本質的には、むしろすべての人が「自由」に生きられることを保障するために、哲学者らによって構想されたものだったのです。

しかしまた同時に、公教育は、「公」、つまり社会のためにも存在しています。といっても、それは先に述べたような、公に奉仕する人間をつくるための教育という意味ではまったくありません。

社会の根本原理は「自由の相互承認」にあります。教育は、この「自由の相互承認」の原理もまた、力強く具現化するものという本質をもっているのです。

このことについては、次の二つの観点から述べる必要があります。

一つは、社会における「自由の相互承認」の原理を実質化するために、わたしたちは教育を通して、子どもたちに「相互承認」の〝感度〟を育む必要があるということです。

先述したように、どれだけ法〔ルール〕によってすべての人の対等な自由を保障したところで、わたしたちがそのことをしっかり理解し実践することができなければ、そのような法は有名無実です。だからわたしたちは、公教育を通して、すべての子どもに「自由の相互承認」の〝感度〟を育む必要があるのです。そしてそれは、とりもなおさず、すべての子どもが「自由」に生きるための根本条件でもあります。繰り返しますが、わたしたちは、自分の「自由」をただ素朴に主張し合うだけでは、結局のところみずからの「自由」を失うことになるからです。

もう一つの観点は、公教育という〝制度〟を通して、一人ひとりの対等な「自由」を具現化していく必要があるということです。家が裕福だろうが貧しかろうが、都市に生まれようが農村で暮らそうが、すべての子どもが、公教育を通して「自由」な生を手に入れることを保障すること。そのような仕方で、「自由の相互承認」の原理を制度的に実質化すること。これが公教育の根本的な使命なのです。

これは具体的には、「教育機会の均等」と、公教育を通して育むべき「〈教養＝力能〉獲得の保障」を意味しています。生まれや育ちに関係なく、すべての子どもが等しく教育を受ける権利をもっているということ、そしてまた、誰もが必ず、この社会で「自由」に生きるための〈教養＝力能〉を一定以上獲得するということ。これが、公教育という制度を通した「自由の相互承認」の実質化です（念のためいっておくと、私立学校もまた「公教育」です。したがって、右に述べた社会における「自由の相互承認」の実質化という使命を、私立学校も当然負っています）。

さて、以上のように、法と公教育を通して、わたしたちは「自由の相互承認」の原理を実質化していく必要があるわけですが、しかしそれでもまだ、実はまったく十分とはいえません。子どもに障害があるその他の理由で、公教育がその使命を十分に果たせないこともあるからです。あるいは、教育がどれだけがんばっても、たとえば経済不況を直接どうこうすることはできません。それに伴う失業を、すぐに解決する力もありません。

そこで次に重要になるのが、福祉です。ここでは福祉についてこれ以上論じる余裕はありませんが、以上のように、わたしたちは社会における「自由の相互承認」の原理を、法・教育・福祉の三つによって根底から支える必要があるのです。

「一般福祉」の原理

以上から、わたしは公教育の本質を次のように定式化しています。すなわち、「各人の〈自由〉および社会における〈自由の相互承認〉の、〈教養＝力能〉を通した実質化[※6]」。

公教育は、まず個人（子ども）の側からすれば、自身の「自由」を実質化してくれる（べき）ものです。他方、社会の側からすれば、それは、子どもたちの「自由の相互承認」の〝感度〟を育み、そしてまた、「教育機会の均等」と「〈教養＝力能〉の獲得保障」を通して、「自由の相互承認」の原理を実質化する（べき）ものなのです。

とすれば、どのような教育が「よい」教育かという問いの答えもまた、次のようにいうことができるようになります。同じことの繰り返しですが、すべての子どもたちに「相互承認」の〝感度〟を育むことを土台に、各人が「自由」になるための〝力〟を育む教育。そしてまた、そのことを通して、社会における「自由の相互承認」の原理を制度的に実質化していける教育、と。

ところで、後者の〝制度的〟な側面については、わたしはもう一つ、「一般福祉」の原理というものを提示しています。

これは、制度としての公教育、つまり「教育政策」は、ある一部の人の「自由」（福祉＝よき生）にのみ資するものであってはならず、すべての人の「自由」に資するものでなければならないという原理です。「自由の相互承認」の原理を、社会政策の観点から言い直した言葉だと受け取っていただいてかまいません。

一見当たり前の原理です。しかし実際のところ、この「一般福祉」の原理は、日本の教育において、この数十年間しばしば忘れ去られてきた側面もあるのです。

たとえば、教育政策の根本理念が、「一般福祉」ではなく「経済成長」におかれたとしたら、教育はいったいどうなってしまうでしょう？　経済発展に寄与しうる〝人材〟の育成には力を入れ、そうでない人たちの教育はおろそかにするということが起こってしまうかもしれません。実際、ここで詳論する余裕はありませんが、これまで日本の教育構想の底には、そのような思想が多かれ少なかれあったといわれています。※7

もちろん、経済的観点を抜きにして教育構想を論じることはできません。しかしそうした議論もまた、「一般福祉」に資するものになっていなければ「正当性」をもちえないのだということを、わたしたちは必ず理解しておかなければなりません。社会の根本原理が、どこまでも

※6　詳細は、拙著『どのような教育が「よい」教育か』（講談社選書メチエ、２０１１年）を参照されたい。
※7　この点については以下の書籍を参照のこと。斎藤貴男『教育改革と新自由主義』（寺子屋新書、２００４年）、藤田英典『教育改革のゆくえ―格差社会か共生社会か』（岩波ブックレット、２００６年）、藤田英典編『誰のための「教育再生」か』（岩波新書、２００７年）、広田照幸『格差・秩序不安と教育』（世織書房、２００９年）。

「自由の相互承認」にあるのだということが認められる限り。

教育政策は、時の政権等の思わくによって容易に右に左に揺れ動いてしまうものです。だからこそわたしは、教育政策の「正当性」の原理としての「一般福祉」原理を、あらためて広く共有すべきだと主張したいと思います。

「原理」から「実践」へ

以上、やや哲学的、理論的、抽象的な話が続いてしまいましたが、実はこのような原理的な話こそが、これからの教育の構想や実践のためには欠かせないものなのです。

というのも、右に述べてきた教育の「本質」（目的）が理解・共有されてはじめて、わたしたちは、ではこの本質を達成するための教育を具体的にどう構想・実践していくことができるか、力強く考えることができるようになるからです。逆にいえば、本質（目的）論なき教育論は、それぞれがそれぞれの思いや信念を主張し合うだけの、ひどい混乱や対立を招きかねないのです。

哲学者カントの言葉をもじっていえば、実践なき原理は空虚であり、原理なき実践は迷走的です。原理と実践を、わたしたちは常に往還しながら教育を考え実践していく必要があるのです。

では、以上のように教育の本質が理解されれば、わたしたちが続いて具体的に考えるべきテーマは何でしょうか？

わたしの考えでは、それは大きく次の四つに設定されます。
①現代において「自由」に生きるための〝力〟は何か？
②その〝力〟はどうすれば育めるのか？
③「自由の相互承認」の〝感度〟はどうすれば育めるのか？
④「一般福祉」を実現するための教育行政はどうあればよいか？
以下、本書では、これら四つの問いに具体的に答えていくことにしたいと思います。

信念対立を乗り越える

しかしその前に、ここではもう1点、次のことを強調しておきたいと思います。

以上のように、「自由」とその「相互承認」という原理を底に敷いて考えていけば、このパートの冒頭で述べたさまざまな「信念対立」もまた、わたしたちは力強く克服していくことができるはずだということです。

たとえば、集団統率的な教育か、生徒の主体性を重んじる教育か、という対立についても、どのような教育のあり方が子どもたちの「自由」の実質化に寄与し、また「相互承認」の〝感度〟を育みうるのかという観点から考えれば解くことが可能です。

わたしの考えでは、あまりに集団統率的な教育は、子どもたちの「自由」を実質化するよりは、むしろ「従順になる」ことや「統率される」ことを学ばせる経験になりかねません。また、個々人のあいだの「相互承認」の感度を育むよりも、個に対する集団の優位を強要してしまう危険性もあるかもしれません。その意味では、子どもたち自身が、みずから学び、みずから人とかかわり合い、ともにルールをつくり合っていく、そのような教育のほうが、「自由」とその「相互承認」の実質化のためにはふさわしいというべきでしょう。

しかし大急ぎで付け加えておかなければなりませんが、わたしは、集団統率的な教育が絶対に間違いだといっているわけではありません。場合によっては——それはごく稀なことだとわたし自身は考えていますが——そうした教育が必要なこともないわけではないでしょう。

「あちらとこちら、どちらが正しいか?」という二項対立的思考を、わたしは「問い方のマジック」と呼んでいますが、このような〝マジック〟にひっかからないことが重要です。この世に、こちらが絶対に正しく、あちらが絶対に間違っているなどということはまずないのです。

しかしそれでもなお、「自由」とその「相互承認」という原理的な観点から考えるなら、わたしたちは、子どもたちの「自由」を縛りすぎるのではなく、互いの「自由」を相互に承認しつつ、みずからも「自由」に生きるとはどういうことか、経験を通して少しずつ学んでいく環境をしっかり整える必要があるというべきでしょう。

よく、「自由」になるためには、その前に束縛される経験をしなければならないという主張も聞きますが、束縛されすぎて、人に何か命令されなければ自分のことを何もできない、考えられない、というような子どもたちを育ててしまっては本末転倒です。教育における束縛・管理と自由・自律の問題は、バランス問題ではありますが、そのバランスは、常に子どもたちの「自由」とその「相互承認」の実質化の観点から考えなければならないのです。

なぜ体罰はダメなのか？

ついでながら、公教育の本質の観点から、「体罰」についてもひと言触れておきたいと思います。

これについては、公教育においては、原理的に否定されるべきだと主張することができます。あくまでも公教育の観点からすれば、これはその是非をはっきりとつけられる問題なのです。

なぜか？

体罰、それは、暴力によって相手に言うことを聞かせようとする行為です。そして暴力とは、恐怖と痛みによって相手の「自由」を奪う行為です。「自由の相互承認」の感度を育まなければならないはずの教育が、反対に、暴力によって相手の「自由」を奪いうるのだということを教育してしまう。これは公教育の本質に著しく反することといわなければなりません。「自由の相互承認」の最も初歩的なルール、それは、「わたしは暴力原理には訴えません」ということを、お互いに約束し合うことにあります。それゆえ、「自由の相互承認」の土台となるべき公教育が体罰を用いることは、原理的に否定されるべきことなのです。周知の通り、学校教育法では体罰が禁止されていますが、その原理的根拠は、まさに「自由の相互承認」にこそあるのです。

以上のように、公教育の「本質」が理解されたなら、わたしたちは、教育をめぐるさまざまな具体的な信念対立を克服し、できるだけ共通了解可能な考え方を見出していくことができるようになります。

そこで以下のわたしのパートでは、先に挙げた四つの問いに、現代オランダ教育の実践を参考にして、具体的な答えを提示していくことにしたいと思います。四つ目の教育行政については、リヒテルズさんとの対談パート（第4章）で考えていくことにしたいと思います。

第2章

個の違いを認める

——画一一斉授業からの脱却

3　オランダの教育はいま

リヒテルズ直子

オランダの教育のあり方は、現在の日本で行われているさまざまな教育改革の議論に多くの示唆を与えてくれます。ただ、オランダの学校教育が素晴らしいからといって、そこで行われているものの形式だけを切り取って日本に取り入れようとすることは得策ではありません。ある制度や政策を、それが生まれてきた歴史的背景や文化・社会的な文脈から切り離して、形だけほかの場所に取り込もうとして失敗する例は少なくないからです。

大切なのは、ある社会で成功している事例について、それがもつ歴史や文化・社会的背景との関係、そこで行われてきた議論、それが目指している本質的なヴィジョンといったものを可能な限り理解することです。そしてそのうえで、いま私たちが直面している日本の教育問題を独自の文脈の中で捉え直し、その問題の遠因となっている教育についてのヴィジョンと、今後未来の子どもたちのために私たちがもつべきヴィジョンとを、多くの異なる立場の人々が平等に参加する議論の場に持ち込んでいくことで、日本なりの道を開拓していくことです。このパートでは、そういう考えのもと、オランダの教育が今日の姿に発展していった背景を私なりに説明していきます。

前章で苫野さんは、教育に関する考え方には一人ひとりの「好み」の違いがあると指摘されました。オランダの公教育制度は、まさにこの「好み」の違い、価値観の多様性をそのままに受け入れ、むしろ教育とはどうあるべきかを、教育者と、受益者としての親（そして子ども自身）の選択の自由に任せるために、「教育の自由」を根本基盤として据えたものです。その意味で、オランダの公教育制度は、フランスなどのそれとも一線を画した、世界にも類例の少ない斬新なものです。ではさっそく、オランダの「教育の自由」の考え方についてみていきましょう。

「教育の自由」――オランダ公教育の基礎

オランダには、原則として学区にあたるものがありません。[※8] 自宅から自転車で10分程度の範囲に数校の小学校があるのが普通です。

子どもが住んでいる地域の学区により通学する学校が一つだけに決まる日本とは異なり、学校とは、複数の選択肢の中から、生徒が（保護者とともに）自分で選んで決めるもの、というのがオランダの基本的な考え方です。宗教的・非宗教的な価値観に基づく教育理念の違い、オールタナティブ教育を含む子ども観や教育理念に基づく教育方法の違いなどによって、多数の選択肢が存在しています。

この学校選択の自由を保障するオランダの「教育の自由」の原則は、今から約100年前、1917年の憲法改正によって確立しました。それが確立するまでには、なんと90年間にもわたる長い政治的議論が行われたのです。

では、オランダの人々は「公教育」の意味をどう捉えて、この「教育の自由」を生み出してきたのでしょうか。

教育をめぐる政治論争の歴史

近代公教育の考え方は、ナポレオンの登場以後、ヨーロッパの各地方が国家として成立していく中で広がっていきました。オランダで、教育に対する責任を国にもたせるための法として初めて「学校法」ができたのも、ヨーロッパがナポレオンの勢力下にあった1801年のことでした。

オランダで現在保障されている「教育の自由」を求める運動は、その学校法のまさに基礎理念であった「政治的に中立な『公立』の学校だけが国から教育費を受給する資格をもつ」という考え方へのアンチテーゼとして始まったものでした。そして実をいうと、それはオランダ王国成立の背景となったプロテスタント系のキリスト教政治家たち、つまり、どちらかというと宗教的で、いくらか国粋主義的ですらある保守的な人々、フランス革命に共感していた自由主義者らとは対立する人々の側から生まれた運動だったのです。

彼らにとって、キリスト教（とくにカルヴァン派のプロテスタンティズム）はオランダ王国の成立基盤であり、その倫理こそは国民形成の核に据えられるべきものでした。教会に付属した私教育の意義を重んじたキリスト教主義の政治家らは、政治的に中立な公教育は倫理的に無味乾燥で人間形成には不十分であると考え、教会に付属する彼らの私教育こそ国から教育費を得て運営されるべきものだ、と主張したのでした。

当然ながら、フランス革命の影響を強く受けていた自由主義者たちは、こうしたキリスト教主義の保守派が求める「教育の自由」を容易には受け入れませんでした。そして先述のように、

※8　学区制がないために、白人系のオランダ人生徒が集まる学校と、移民の子どもたちが集まる学校とに分極しやすいという傾向は以前から指摘されている。これについては、生徒の同質性が高ければ教員が対応しやすいという積極面も時に指摘されるものの、全体としては問題視する傾向がやはり強く、アムステルダム市では最近、学校選択のできる区域をこれまでよりも狭くするようになった。ただし、それでも、区域内の志望校を3校まで挙げることができ、可能な限り希望する学校に就学できるような行政措置をしている。くわしくは、国会図書館の研究員黒川直秀氏の論文「オランダの教育と学校選択制」（『レファレンス』768号、79―99頁、2015年）を参照されたい（http://dl.ndl.go.jp/view/download/digidepo_8941426_po_076805.pdf?contentNo=1）。

この議論は世代を超えて90年間にもわたって続けられ、「学校闘争」として歴史に残る議論となったのです。

オランダの政党政治は、この「教育の自由」をめぐる論争を繰り返しながら形作られていったといっても過言ではありません。「国民教育とは何か」「公教育とは何か」という問題が、長きにわたりオランダの政治的議論の中核に据えられてきたのです。

「教育の自由」が耕したオールタナティブ教育の土壌

オランダの「教育の自由」とは、このようにさまざまな宗教的・非宗教的集団がそれぞれの宗教的・倫理的価値観に基づいて学校をつくり、それに対して、平等に国からの補助金を得られる仕組みのことをいっています。

「教育の自由」は、一般に、「理念の自由」「設立の自由」「方法の自由」の3要素からなると説明されます。すなわち、市民は、宗教的・非宗教的な価値観＝教育理念に基づいて（「理念の自由」）、一定数（憲法改正当初は200人、現在は地域の人口密度に比して決められた定数）の生徒を集めれば、教会や（協会・財団などの）市民団体が学校を設立でき（「設立の自由」）、それぞれみずからの教育理念に基づいて、学級編制、使用する教材、時間割などを選択し（「方法の自由」）、公立校とまったく同じ公教育費を国から受給して運営することができます。

国からの公教育費は、毎年生徒一人当たりの費用（教員給与、教材費、設備維持費、研修費その他を含む）が計上され、学校ごとに生徒数分の額が支給されます。これにより、公立校、私立校のいずれを選んでも学費はまったく無償[※9]となるため、保護者や子どもには多数の選択肢が保障されることとなります。

当然、当初は公立校のほうが多数でしたが、徐々に市民が設置する学校が増えていきました。現在では、私立校と公立校の比率は初等教育も中等教育もほぼ7：3で私立校が多数となっています。

「教育の自由」は、先ほど説明した通り、保守的政治家の要求から成立したものでした。しかしこれがひるがえって、画一一斉授業型の教育へのアンチテーゼとして生まれた欧米の新教育運動や、そこから始まる各種のオールタナティブ教育が広がる土壌となり、結果的に、1960年代末以降、個別の子どもの発達を重視する制度への道を拓いていくことになります。保守派が起こした制度が、のちに広くすべての子どもたちが教育を受ける機会の保障へとつながったという意味では、（幸運な）歴史の逆説ともいえるでしょう。

とくに、諸外国では裕福な家庭の子弟しか通えないオールタナティブ教育の学校に、オラン

※9　私立校では自主的な寄付金が募られることはあるが、その額は、年間3～5万円程度と小さい。また寄付を強制されることはなく、寄付を行わなかった低所得者がその名前を公表されることもない。

ダでは、移民や難民の子どももアクセス可能になっていることは注目すべきでしょう。モンテッソーリ、ダルトン、イエナプラン、フレネ、シュタイナーなどの教育は、みな外国で発祥したものでありながら、オランダにたくさんの学校があり、しかもほかの学校と同等の公教育費を国から保障されています。自治体によっては、こうしたオールタナティブ教育を公立校として運営しているところすらあるのです。[※10]

〈よい教育〉は誰が決める？

「教育の自由」が認められているといっても、国費をかけて行う公教育である以上、その成果が質の高いものであることを国が保障しなければならないのは当然です。教育理念も自由、学校設立も市民の手で可能、授業の方法にも学校や教員たちに最大限の自由裁量権が認められているとしたら、いったい学校教育の質はどう保障されるのかと疑問に思われるのではないかと思います。

しかしその前に、そもそも〈よい教育〉とは誰が決め、誰が判断するものなのでしょうか。国（政府）でしょうか、行政官でしょうか、親でしょうか、それとも教員でしょうか？

このように問えば、たぶん、苫野さんは「それは問い方のマジックだ」とおっしゃるのではないかと思います。〈よい教育〉を決めるのは、国、行政官、親、教員、そして子どもたち自身でしょう。みながそれぞれの立場から「これがよい教育だ」といえるもの、それを突き合わせてこそ、すべての人が満足できる教育の姿が現れてくるはずです。

オランダを含むヨーロッパの国々には、公教育の質を管理する「教育監督局」という公的な機関があるのが普通です。民主主義の原則が三権分立であるのと同様、学校教育に関しても、公平な評価を行う機関として、日本で言う文部科学省（オランダでは教育文化科学省）とは独立に教育監督局が設置され、法や制度に則った学校教育が実践されているか、政策や行政からの指導が現場で問題を引き起こしていないかを、中立的な立場から調査し評価しています。

ヨーロッパでは各国の教育監督局が相互に情報を交換して、自国の監督方法に問題がないかをチェックすることもあります。PISAなどによる学力面での国際比較、ユニセフやWHOなどによる子どもたちの健康度やウェルビーングの国際比較などは、教育監督局にとっても重要なデータとして取り扱われます。

しかし、〈よい教育〉は、国ばかりが判断するものであってはならないはずです。なぜなら、子どもたちは、未来を担う市民として、自分らしく発達する権利をもっているからです。

かつてヨーロッパでも優勢だった画一一斉授業型の教育は、ともすれば、権力者の言いなりで言上げしない大衆や、企業家にとって都合のよい黙々と働く労働者の育成につながりかねな

※10　典型的な例として、1970年代にデルフト市が、5校のフレネ校を公立（市立）校として設置した。

いということは、全体主義の時代の教訓です。

〈よい教育〉とは何かについて、当事者であり、公教育の受益者である子どもたち自身の意思は、その意味で、最も重視されなければなりません。未成年である子どもたちを代弁する「親権者」「保護者」の責任はそこにあります。

そう考えると、オランダで、「教育の自由」によって、多様な教育理念に基づく学校が公教育費で運営され、子どもや親が自分にとって最もふさわしいと思える学校を選ぶ自由が保障されていることは重要です。

また、オランダでは、公私立の別を問わず、すべての学校に対して「経営参加委員会」を設置することが法律で義務づけられています。この委員会は、毎年、学校の生徒数に合わせて、教員と保護者（または16歳以上の生徒）が50％ずつ互選で委員に選ばれるものです。委員会には、学校運営主体である市（公立校の場合）や理事会（私立校の場合）が決める運営方針に対する「同意権」と「勧告権」が付帯されており、教員や保護者は、学校の運営に対するさまざまな発言権を法的に保障されています。教育方針をどうするか、どんな教材を購入するか、どの教員（校長）を雇用し罷免するかといったことに関して、現場で身近に子どもたちの発達ニーズがどこにあるかを察している教職員、そして発達の権利をもつ子どもの代弁者としての保護者（16歳以上の生徒の場合は生徒自身）が、（反対）意見を述べることができるのです。

こうした制度が日本の公教育では整備されていないのは残念なことです。教員は教育の専門家として、保護者は子どもの発達の権利を代弁する親権者として、ともに学校の運営について意見を交換できる場を設けることは、学校共同体の自律と責任を促すものになるからです。こうした委員会はアメリカの学校にもあり、民主的な社会の公教育ではごく当たり前のものです。

こうした法的権利を明確化した委員会を日本でも設けることで、学校に苦情を言っても受け止めてもらえず、ともすれば「モンスターペアレント」などと呼ばれてしまう親たちと、親の声を聞きながら学校教育を改善する自由をもたない教員たちとが、それぞれみずからの権利と義務を自覚して学校教育にかかわり、それをもとに民主的な学校共同体の建設に協力し合っていくための基盤が生まれるのではないでしょうか。

〈よい教育〉は一人ひとりにとって異なる

さて、このパートではここまで、オランダの学校教育の背景にある思想と制度の歴史的展開を概観してきました。これに続く以下では、そうした制度のうえに立って、現在のオランダの教育が実際にどのように展開されているのかを紹介していきたいと思います。[※11]

※11 「教育の自由」を原理としたオランダの教育制度についてくわしく知りたい方は、拙著『オランダの教育―多様性が一人ひとりの子供を育てる』（平凡社、２００４年）を参照されたい。

「教育の自由」に基づいて1960年代以降急速に広がったイエナプラン、モンテッソーリ、ダルトンなどといったオールタナティブ教育は、オランダの公教育全体に大きな影響を与えてきました。さまざまな理念の学校やコースがあると同時に、何らかのオールタナティブ教育を掲げているわけではない「普通の学校」でも、教室での実践に、もともとそうしたオールタナティブ教育が創始した手法や考え方を自在に取り入れています。学校は、まさに一つひとつが異なる実践をしており、親や子どもは多様な選択肢の中から学校を選ぶことができるのです。

以下に、少し例を挙げてみましょう。

モンテッソーリの小学校に息子を通わせているある母親が、こんな話を聞かせてくれました。

「上の娘はこの学校に通い始めたのですが、肌に合わず、結局すぐにシュタイナー校に転校しました。転校して本当によかったと思っています。少しクリエイティブなことに興味がある子なので、芸術教育や演劇に力を入れているシュタイナー校がぴったりだったんです。でも弟のほうは、むしろこのモンテッソーリ校のほうがよかったみたい。息子は自由が多すぎると自分で自律的に学習を進めることができないタイプなので、先生たちが少し枠組みをつくってくれて、授業を受けられるほうが安心していられるようです」

実をいうと、オランダでは、学校で毎日授業をしている教員たちすら、自校の教育がすべての子どもにとって最善だと思っているわけでは必ずしもありません。

たとえば、ディスレクシア（読字障害）やアスペルガー症候群の傾向のある子どもが自校に入ってきたとします。そうした時、まずは自校の理念に即してできる限りのことをやってみる……しばらく子どもの発達の様子をみているが、学力でも社会性や情緒の面でも、その子がもっている潜在的な能力が十分に引き出されているとはいえないようだ……国の規則に準じて、年に2回、その子の発達支援方針を決めるために外部の専門家も招いて教職員による支援チーム会議を開き、支援計画を練り直して実施するが、それでもうまくいかない……。そうした場合には、教員たちがみずから、それまでの生徒の経過を示す客観的データをもとに、保護者に、あえて他校への転校を勧める（多くの場合、従来から障害児の受け入れに積極的なオールタナティブ校が選ばれます）ことは稀ではありません。

多様な選択肢と教員の自由裁量権

多様な学校が存在し、それぞれの子どもにとって最善の学校を移動しながら選択するという仕組みは、オランダに「教育の自由」が確立しているからこそのものです。また、国が公表している人間形成の目標に沿って、各学校が創意工夫しながら各生徒に目標を達成させるための教育をみずからデザインするゆとりが保障されていることも、学校選択を意味のあるものにしています。つまり、各学校の教職員チーム、そして一人ひとりの教員に、現場で子どもを指導する際、みずからの判断で教育方法を変えたり、教材を選んだりする自由裁量権が広く保障されているのです。

たとえば、オランダの中等学校では、同じ学校の中にモンテッソーリコース、イエナプランコースなどを併設しているところが比較的多くみられます。いったん普通コースに入学してきた生徒でも、様子をみて、何かとくに力を入れてやると伸びそうな分野があるとか、ほかの子どもにはない特別の教育ニーズがあるといった場合、併設されたオールタナティブ系のコースへ移るよう教員が助言することは珍しいことではありません。

実は、少し意外に感じられるかもしれませんが、オランダには、日本の平均的な学校以上に保守的なのではないかと思えるほど画一的な一斉授業を行っている学校もないわけではありません。たとえば、移民が少なく子どもたちの社会的背景がかなり均質で、しかも親の学歴が高い家庭が集まっている地区などでは、こういう学校が時々みられます。教員たちの態度もオールタナティブ校に比べるとはるかに昔風で、やや権威的ですらあり、教材の種類も少なく、遊びの教育的意義にもそれほど関心を抱いている様子はなく、ひどく殺風景な感じがすることもあります。それでも、生徒数は十分で、ウェイティングリストさえあるほどの人気だといいます。

そういう、教育先進国オランダのイメージからすると「えっ」と声をあげたくなるような、やや古い感じがする学校が存在するのは、「学校」にそれほど多くのものを期待していない親がいるためかもしれません。一般に、高学歴の親たちは、子どものために、家庭に十分な、教育学的にも質の高い遊具や絵本その他の書籍、コンピューターやデジタル機器を揃えているし、休暇を利用して海外にまで子どもたちを連れて旅行をするゆとりもあります。そうした親にとって、学校は、学力と社会性をほどほどに発達させてくれれば十分で、それ以上の人間的成長については、自分たちが親として直接手をかけているし、学校に面倒をみてもらわなくてもよい、という状況なのでしょう。

他方、低学歴・低所得者層、出稼ぎ移民や難民などが集住する地域では、学校にくる子どもたちのニーズがまるで違います。「うちは収入も少なくて遊具や本やコンピューターなどを揃えるゆとりはない。学校でそういうものに触れられるなら、ぜひそうしてほしい」と思っている親は少なくないでしょうし、「オランダ人の子どもたちが大半を占めている学校で、言葉ができなくていじめられたり、ついていけなくなるよりも、オランダ語のできない子どもたちを少人数で指導してくれる学校のほうがいい」と考えている親もいるでしょう。

さらに、同じ子どもでも、時間の経過とともに発達支援のニーズが変わることもあります。また、いま通っている学校では十分な発達ができていないと感じたり、いじめや学級の雰囲気の問題、あるいは担任教員とウマが合わないなどの理由で、子どもの学習意欲が損なわれるといった不幸な事態が起こることもあるでしょう。

そういう場合、オランダでは、まず保護者が学校に改善を要求します。大半の学校はそうした保護者の声に耳を傾け、改善努力をするものです。しかしそれでもうまくいかなければ、親（子ども）には、同じ地域にあるほかの学校に転校するという解決策が残されています。そうした転出入はかなり頻繁に起こっており、「教育の自由」「自由裁量権」を認められ、特徴のある教育をするのが学校の権利であり義務でもあると教員たちが考えているオランダでは、それをごく自然なこととして受け入れています。つまり、学校選択は、子どもと学校の相性のすり合わせのようなものなのです。

いろいろな学校が多様な教育を実践しており、子ども（と親）が自分にとって最もふさわしいと思える学校を選ぶことのできる仕組みがあると、異なる教育的ニーズをもつ子どもたちが最大限の発達を保障される可能性は当然高くなります。そして、実際にオランダのさまざまな学校をみていると、親（や子ども）が望んでいる学校とはほぼこういうものなのではないかというものが、傾向としてだんだんみえてきます。子どもと親が学校を選べる自由があり、しかも、それぞれの学校が大きな自由裁量権のもとで教育のヴィジョンと方法について主体的に取り組める体制があることが、オランダの学校教育の質を、全体として、時代の変化やそれに伴う社会の要請に合わせて常に柔軟にダイナミックに変化させ、向上させることができる要因になっているのです。

これ以下のオランダの教育の記述において、ここまでに述べた「教育の自由」「学校選択の自由」はきわめて重要な前提です。ここでぜひ再確認しておきたいのは、オランダにおける学校選択は、日本で学校を比較する際に大きな前提である入試競争という基準によって行われているのではない、ということです。オランダにおける「学校選択の自由」は、あくまでも教育とはどうあるべきか、〈よい教育〉とは何かということについて、その判断の大部分を、子ども、親、学校教員に託したものです。より質の高い労働者を形成するといった狭い観点に基づいて、国が一方的に決めるということはありません。また親や子どもも、入試合格率だけを基準に学校選択を行っているわけではない、という点に注意をしてください。

オールタナティブ教育はなぜ必要とされたのか

いまから10年以上前のこと。オランダのオールタナティブ教育について私が研究を始めた頃、あるフレネ校の若い校長に話を聞いたことがありました。

彼は私に、「オールタナティブ教育とか新教育といわれるものは、産業化や都市化によって伝統的共同体が崩れ、共同体のもつ教育力が低下していることに危機を覚えた教育者たちが始めたものだった」という話をしてくれました。私はこの説明を聞いて、「なるほど」と膝を打つような気持ちになったことをいまも覚えています。

たしかに、モンテッソーリも、（ダルトン教育の創始者である）パーカーストも、シュタイナーも、（イエナプラン教育の創始者である）ペーターセンも、フレネも、いずれも急激な産業化に伴って都市に出てきた労働者たちの子弟、つまり、育っていく環境としての地域共同体が身の回りにない子どもたちを、彼らの創始した新教育の対象者としていました。それまでのように、「読み・書き・算」といった基礎学力の伝達だけを学校がしていたのでは、人間としての全人格的な成長が危ぶまれるような状況が、産業化と都市化によって生まれていたということです。

産業化とともに発展していった近代の学校のあり方は画一一斉授業に象徴されますが、ブラジルの教育哲学者パウロ・フレイレは、「銀行型教育」という言葉でこれを象徴的に論じています。それは、教師が、教室の子どもたち全員に対して、一律に、かつ一方的に知識を伝達するものです。それをフレイレは、子どもたちの頭はまるで空の銀行口座のようなもので、そこに教師たちはあたかも預金していくかのように知識を投げ込んでいく、と表現したのです。

そうした「銀行型教育」では、一人ひとりの子どもがどんな人間に向かって育っていっているのか、そのためにどのようなニーズをもっているのか、どんな発達プロセスをたどっているのかといったことはいっさいおかまいなしに、一方的に知識が伝授されます。そのため、そうした知識を吸収できる子どもと、吸収できない子どもが出てきてしまいます。そこには、教師から複数の生徒に対する「知識の伝達」はあっても、その知識が確実に生徒たちの血となり肉となっていることの保証はないばかりか、生徒から教師への応答も想定されていません。それは、「対話」を重視した、ソクラテス以来の人間の学びの基本から大きく道を外したものではなかったのでしょうか。

デューイやフレイレ、そして、彼らに感化された多くの教育改革者たちの言葉に耳を傾ける時におのずと心に浮かんでくるのは、「いったい、公教育とは誰のために、何のためにあるのか」という根源的な問いです。

公教育とは、国や社会のためにあるのでしょうか、それとも、一人ひとりの個人のためにあるのでしょうか？　さらにいえば、「個人のためか、それとも国や社会のためか」ということは、本当に二者択一で問うべきことなのでしょうか。社会や国とは、本当は抽象的な概念ではなく、一人ひとりの個性ある人間が構成している実体のあるものです。それならば、そこにいる個々人が、最大限の能力を開花させることができ、幸福を追い求める自由を保障されている時にこそ、社会や国は最も持続的で、最も意味のある発展をし続けることができるはずです。

イエナプラン教育の起こり

すでに何回か触れてきましたが、オランダには「イエナプラン教育」というオールタナティブ教育があります。これはもともと、ドイツのイエナ大学で発祥したもので、１９６０年代になってオランダの教育界に紹介されました。

当時、若者や知識人たちのあいだには、機会均等や環境保護を求める社会意識が広がっていました。そんな中、イエナプラン教育は多数の落ちこぼれ（留年）を生む画一教育のあり方に疑問を抱いていた教員や保護者、さらには教育学者や教育行政官らの注目を集めました。1970年代以降、オールタナティブ教育への関心が高まる中で、イエナプラン校の数は飛躍的に増加していきます。オランダで正式に「イエナプラン校」を称する学校の数は現在でも200校あまりで、全国の小学校に占める割合は約3％にとどまっていますが、1970年代の初等教育法の改革に大きな影響を与えました。

今日、先進諸国で熱い議論が展開されているグローバル時代の教育のあり方を考える時、その先駆的な教育実践には注目すべきものがあります。以下、少しくわしくみていきましょう。

ドイツでイエナプラン教育を創始したペーターセンは、教育学の実験校（大学付属校）としてイエナプラン校を設立した当初、一斉授業形式のために教室に釘づけにされていた生徒たちの机を力づくで取り外すことから始めたといわれています。その代わりに、子どもたちが数人ずつ小グループに分かれて座れるグループテーブルを置き、しかもそのテーブルの上には小さな花瓶を置いて花を活けました。

教室には、年齢で機械的に区切られた同学年の子どもたちではなく、3学年にわたる年齢の異なる子どもたちがいました。異なる年齢の子どもたちは、お互いに助け助けられる存在となり、学びは、教師から子どもへの一方的な知識伝達によるのではなく、子どもたちのあいだのダイナミックな相互作用から主体的に行われるように促されていきました。黒板は教師だけが使うものではなく、子どもたちがいつでも自分で立っていって自由に使えるものになりました。毎日繰り返される対話の時間は、子どもも教師も平等に参加するサークル（円座）形式で行われます。このサークル対話が、大人と子どものすべての平等なかかわりと、それをベースにした自由な発言の場を保障したのです。

ペーターセンが実践した新しい取り組みには、いくつかの特徴がありました。それは、①時間割を科目単位で区切るのではなく、「（サークル）対話」「仕事（自立学習と協働学習）」「遊び」「催し」という四つの基本活動を循環させながら、子どもたちの自然なバイオリズムに合わせてリズミックに展開すること、②学級のことを「ファミリーグループ」と呼び、それは異年齢の子どもたちからなるものであること、③教室をリビングルーム（生活の場）とみなし、学習者である子どもたちが安心と信頼を保障された場所とすること、④学校を、子どもたちを中心として、教育者である教員と親権者である保護者の三者からなる「生と学びの共同体」とみなしたことです。

ペーターセンが目指したのは、学力向上だけを目的としたものにとどまらない学校でした。それは、子どもが人間として全人的に発達する場としての学校であり、社会の中で（自分とは異なる）他者とかかわり、共感したり協働したりしながら、常に他者との共存の中で「アクティブに」学ぶ場所です。右に述べた特徴は、授業技術として切り取られて理解されるべきものではなく、この理念を実現させるための斬新な工夫だったといえます。

ペーターセンがイエナプラン教育の実践を発表したのは1920年代、つまり、いまから100年近くも前のことですが、日本で現在行われている学校教育と比べても衝撃的です。

オランダでのイエナプラン教育の位置づけ

ペーターセンが始めたイエナプラン教育は、その後不幸なことに、第二次世界大戦を挟み、ドイツがナチスの政権下におかれ、戦後東西ドイツに分断された時代と重なり、ドイツでは大きく発展するチャンスを得られませんでした。しかし、偶然のきっかけからオランダに紹介され、先述の「教育の自由」という土壌を得て、主としてそれまでフレネ教育を信奉していた教育実践者たちの手で、ドイツでよりもオランダではるかに広く実践され広がっていきます。そして、現場の実践経験と研究の積み重ねにより、オランダ・イエナプラン教育とでも表すべき独自の発展を遂げていきました。

ペーターセンが示した教育へのヴィジョンを継承しながらも、原理主義や独善に陥ることなく、学校現場で学んでいる目前の子どもたちのニーズに応じて新しい学校づくりに努力するという彼らの姿勢は、「オープン・モデルの教育理念」としてオランダのイエナプラン教育者たちのあいだに受け継がれていきました。

「（オランダ・）イエナプランの母」として有名なスース・フロイデンタールが初めてイエナ

プラン教育をオランダ教育界に紹介したのは、1964年のことでした。この教育観は、画一一斉教育がもたらしていた多数の留年（落ちこぼれ）問題についての調査研究を政府の委託を受けて実施したケース・ドールンボスに注目され、その後始まった「個別対応教育」の推進や、その流れで進められた初等教育法の改革に大きな影響を及ぼしています。とりわけ、①必修課題が学年ごとに定められていたのを、初等教育修了時の到達目標という形に変えたこと、②総合的な学習「人類と世界へのオリエンテーション」が必修となったこと、③現職教員や学校を専門的に支援する教育サポート機関の仕組みがつくられたことなどには、イエナプラン教育が与えた影響が色濃く読み取れます。

以下では、イエナプラン教育と、比較的その近くに位置すると考えられるモンテッソーリ教育やダルトン教育など、子どもの個別の発達を重視してきたオールタナティブ教育を中心に、さらに実践例を紹介していきたいと思います。

主体的な学びを刺激する物理的環境

ペーターセンが教室の床に釘づけにされていた生徒の席を取り払ったことに象徴されるように、生徒主体の学びを刺激するには、物理的な環境の改善が重要です。

「教育の自由」によって、教育方法、すなわち授業の形式、教材、学級編制などを自由に選べるオランダの学校では、校舎の新設や改築の際、その学校の教員たちが、校舎の形、またその内部や周りにどのような空間を設けてほしいかといったことを自治体に要求できます[※12]。つまり、実際に授業を企画実施している教員たちの望むスペースを要求できるのです。

一般にオランダでは、学校校舎の新改築が決まると、まずその学校の教員たちが話し合って希望するスペースについての原案をまとめ、市に提出します。それに基づいて建築家が学校建築基準を踏まえて設計図を引き、市の予算に照らして最終的な案をつくり、そのうえで建築が開始されます。

前述の通り、「対話」「仕事」「遊び」「催し」という四つの基本活動をリズミックに循環させていくイエナプラン校では、これらの活動がうまく展開できるスペースを確保しなければなりません。

ペーターセンが始めた「リビングルーム」としての教室は、やがて、オランダでイエナプランの信奉者たちによってさらに練り上げられていきました。そして最終的に、「理想の教室」として22の項目がまとめられることとなりました[※13]（表1参照。〔　〕内に示しているのは、その項目が何を意図しているのかについての私の解説です）。これらの項目を読んでみるだけでも、子どもたちが自由に動けるゆとりが、物理的に教室の中に確保されていることがうかがえます。

子どもたちが自由に動ける環境は、モンテッソーリ教育やダルトン教育などほかのオールタナティブ教育にもみられます。これらの教育が重視している主体性や責任意識は、何かを自分で試したり失敗したりすることが認められた、自由に動ける時と場が保障されている場合に初めて育つものだからです。

モンテッソーリ教育は、とくに、幼児期や小学校低学年期の児童の認知的発達に役立つ独特の教材で有名です。文字を覚えたり、数や量についての理解を助けたりするための、手に取り、触って感じることのできる教材群です。モンテッソーリの学校に行くと、こうした特徴のある、丈夫で美しい、また子どもが自分から近づいて触れてみたくなるような魅力的な教材群が教室内にふんだんに用意されています。また、モンテッソーリの学校には、「ニッチェ」と呼ばれる誰にも邪魔をされずに一人で学べる場が用意されていることがしばしばあります。こうした環境が、子どもたちの学びへの意欲を引き出すのです。

ダルトン教育は、子どもたちが、自分の課題を、教師との契約に基づいて自分の責任でこなしていくようにしていることが特徴ですが、ここでも、あらゆる教科で、一人ひとりの子どもの発達やニーズに合わせて使い分けることのできる教材が豊かに用意されています。また、

※12　オランダでは、学校の校舎は、公立校でも私立校でも、その学校がある自治体（市）が提供する義務を負っている。したがって、校舎建設および改築の費用は自治体が負うが、「教育の自由」の原則に則り、そのデザインの決定には、各学校に自由裁量権が与えられている。

※13　Both, K., Meijer, J., Veneman, H.: *De Rozentuin: een beeld van een Jenaplanschool*. NJPV, 1999.（『ローズガーデン――イエナプラン校のイメージ』）

表１　理想の教室

1．子どもが何かをしたくなるように挑みかけるために、観察テーブル、発見コーナー、扉のないオープンな棚の中の道具などがある。〔ホンモノの事物に触れ、内からの問いを発するように刺激する〕
2．子どもが自分で道具を取り出し、元に戻せる。はっきりとした整理の仕方を学び、取り出しと片づけが習慣になるように。〔主体性と学習への責任意識を引き出す〕
3．子どもたちが行き届いた世話をしている植物や種から育てた植物がある。〔生き物に触れ責任意識を育てる〕
4．子どもの数よりも多い仕事（学習）の場がある。〔目的にふさわしい場を主体的に選んで学ぶ〕
5．３～４人ずつ小グループで座れるテーブルがある。〔協働の場〕
6．グループリーダー（担任）がインストラクションを与えるためのテーブルがある。〔グループリーダーの支援を得る〕
7．簡単に（すぐに静かに）サークルになって座る場所がある。〔平等な関係で対話をする場〕
8．子どもたちが持ってきた綺麗な物、特別な物を一時的に置いておく、目立つ場所がある。〔観察を通して内側からの問いを引き出す〕
9．教材をトレイやかごなどを使って（取り出しやすく縦に並べて）置いておく目立つ場所がある。〔主体的に責任をもって教材を取り扱う〕
10．できるだけ多くの物を展示する場所がある（掲示板、棚の背後、テーブルや棚）。〔子どもたちの仕事の成果を賞賛する〕
11．同じ種類の物を揃えて整理しておく場所がある。〔学びの場に対する子どもたちの主体的責任意識を養う〕
12．１つ以上のボード（電子黒板なども含む）があり、子どもたちもそれを使って学べる。〔学びの主体性を養う〕
13．教室に高さの違う場所がある（ロフトなど）。〔教員の監督がなくても学びに取り組む自律心を養う〕
14．天井も使っている（方位を示す、太陽系を描くなど）。〔子どもの自発的な問いを最大限に刺激する〕
15．子どもたちは、席だけではなく、ゆったりできるソファや床に座ることができる。〔学びの場＝生活の場としての快適さを保障する〕
16．床でも作業ができる。〔学びの場＋生活の場としての快適さを保障する〕
17．雑多に物を積み上げた場所がない。〔機能性の保障〕
18．窓やテラスなどを通して室外とのつながりがある。〔生きた外の世界と接触できる〕
19．床は騒音が生じないよう敷物などで吸音される。〔学びのための静けさの保障〕
20．子どもたちがいまどんなアクティビティに取り組み、何に関心をもっているかがすぐにわかる。〔子どもたちの活動に対する保護者や教員の関心を高める〕
21．どの教室（学校のリビングルーム）にも、子どもたちの生活や仕事を記録した日記や写真帳が置かれている。〔学校は発達のための場であることを確認する〕
22．それぞれの教室が異なる顔をもっている。〔自分のグループへの帰属意識と責任意識を養う〕

個々の子どもが教師と結ぶ契約（課題）は、それぞれの子どもの発達段階によって少しずつ異なることがあるため、教室の外の廊下やホールなどにテーブルや椅子が置かれ、子どもたちが自分なりのテンポで自律的に学べる場が多く設けられています。

一斉に大きな声をかけない

モンテッソーリやダルトン、イエナプランなどの学校では、教師たちは、教室にいる子ども集団全体に大きな声で一斉に話しかけることを極力避けます。一斉に大きな声をかけると、子どもたちは、一つの個性をもった個人として尊重されることがなくなり、場合によっては、子どもは威嚇されたと感じ、安心して学びに没頭できなくなるからです。

こうした理解は、現在ではオランダの教育現場に広く行きわたっており、「教師が教室で威嚇的な声を上げない」「後ろのほうにいる子どもに対して、ほかの子どもにも聞こえよがしに注意しない」「子どもに注意する時には、その子どものそばまで行って小声で話す」といった実践は、ごく一般的な学校の教師たちにとっても常識です。

日本では、教師が大きな声で生徒に向かって「きさま！」と叫んで威嚇したり、誰か一人の生徒を注意するだけなのに教室の子ども全員に対してこれ見よがしに権威主義的な態度をとったりすることが、現在でもまだ行われているのではないでしょうか。ベテラン教師が新任の教師に対して、「生徒になめられないように」と、こうした行動によって威厳を確立することが不可欠だと教えているという話さえ耳にします。しかしそれでは、子どもたちの人格は尊重されるどころか損なわれ、自己肯定感をもって自分から進んで学びに取り組む意欲をもつ子は育たなくなります。

「罰や怖れ、強制によって生み出される〝よい行動〟というものは、一人の人間である子どもの個人的な生にとっては何の意味もないことであり、社会にとっても意味のないことである」というペーターセンの有名な言葉があります。大声を上げ威厳を強調しようとする教師たちは、子どもたちの自尊心を傷つけることによって、本来養うべき自立心や、進んで社会にコミットしようとする意欲の芽を摘み取っているともいえます。何より子どもたちは、そうした態度をとる教師に対しては、「恐れる」ことはあっても「敬意」を感じることはありません。

安心の保障、サークル対話の意義

子どもたちの学びの環境について、最近ヨーロッパの教育界でよく耳にするようになったのは、子どもたちが「安心できる」環境を学校の中に保障しなければならない、ということです。脳科学の研究からも、学力の発達にとって「安心感」がきわめて重要な前提であることが指摘されるようになっており、こうした安心感は、生後間もなくからの家族その他の養育者との信頼に根ざした結合感情や、大人たちのポジティブな言葉がけや態度によって育まれるものであることも明らかになってきています。※14

とくに今日、ユネスコやユニセフ、WHOなどの奨励のもと、先進諸国で取り組み始められている「健康推進教育」においては、体力面での健康だけではなく、いじめ問題や情緒の発達などへの関心も含み、心身両面での健康の保障が、究極的には学力をはじめとする子どもたちの健全な発達の基盤であるという考え方が共有されています。※15

ところが、おそらくみなさんもお気づきの通り、子どもを取り巻く今日の社会環境は、この観点からみて望ましい状況であるとはいいがたいのです。貧困の広がり、都市化による伝統的共同体の喪失、民族移動による価値意識の多様化と錯綜などによって、子どもたちが育っている家庭や地域社会では、大人たち自身が多くの不安の中で生きている場合が少なくありません。教育や育児が家庭や地域を基盤として行われてきた過去の時代とは異なり、今日の保育施設や学校は、子どもたちの社会性や情緒の発達に意図的・積極的にかかわり、家庭に対しても助言

※14　たとえば、イエナプラン教育の専門家でもあるケース・フルーフデンヒルの著作（前掲注2）には、安心感と学習との関係が、脳の仕組みについての説明とともにくわしく分析されている。
※15　筆者が参加したフォーラム「教育システムにおける包括的健康・社会プログラム―グローバルダイアローグ・ヨーロッパ会議」（2015年パリ）は、こうした観点から行われているヨーロッパおよび北米地域の実践の紹介と意見交換を行うものであった（http://www.schools-for-all.org/page/Forum+Agenda）。

をしたり、支援したりする役割を果たさなければならない現実があります。

イエナプラン教育が強調している「対話」は、その点からも意義深いものです。クラスの子ども全員が、一日のうちに何回も繰り返して行うサークル対話は、時として、家庭でも十分に保障されていない安心感とつながりの感情を子どもたちに保障しています。

どの教室でもサークル対話が行われている登校直後の時間帯は、学校中がしんと静まりかえる不思議な時間。なぜなら、サークルの中で交わされる子どもたちの対話の声は、まるで食卓を囲んで話している時のように落ち着いたトーンで、誰か一人が話をしている時には、ほかの子たちは、それがどんなに小声であっても、口を挟まずにじっと耳を傾けるというルールが守られているからです。これは、信頼に根ざした子ども同士の関係づくりに欠かすことのできないルールです。歪みや窪みのない、まん丸の綺麗な円をつくって座っている子どもたちは、常に互いの顔をよく見ることができます。教師も、子どもたちと同じようにサークルに入り、対等に話し合いに参加します。

サークル対話を繰り返すことで培われる子どもたちのグループとしての仲間意識、互いの信頼感について考える時、いつも思い出す光景があります。それは、あるイエナプランの小学校の高学年グループ（9〜12歳）の教室で、偶然出くわした光景でした。

その日、クラスの30人ほどの子どもたち全員が、担任の若い女性教師と一緒に車座となり、いつものように朝のサークル対話をしていました。子どもたちが登校中に心に抱いてきた思いを共有したり、担任教師がその日の連絡事項を確認したりする毎朝のサークル対話です。

サークルの中で、何人かの子どもが発言をし終え、教師が「さあ、それでは1時間目の課題はみんなわかっているわね」とサークルを解散して、子どもたちがそれぞれの席に戻ろうと立ち上がり始めた時です。それまで黙ってうつむいていたティムという名の男子生徒がさっと手を挙げ、ボソッとした声でこう言いました。

「昨日の晩、パパとママが口論をして、パパが家を出て行って、夜中まで帰ってこなかったんだ。僕はそのことで頭がいっぱいで、いままで発言できなかった……。これからもたぶん、今日はずっとそのことが気になって、あまり集中できないと思う……」

女性教師は、そういうティムの言葉を受けて、

「みんな、わかった? ティムは今日そういう気分だから、そのつもりでね」

と言い、さっとサークルを解散しました。彼女は、大げさな態度や言葉でティムに同情するのでもなく、またほかの子どもたちに同情を促すわけでもなく、ティムのその日の気分を心に留めておくように、と短くみんなに伝えただけでした。

ティムが心に抱えていた苦しい感情を伝えたことも、それをさりげなく受け止め子どもたちと共有した教師の態度も、日々繰り返されているサークル対話の積み重ねがお互いの信頼感をしっかりと培っていたからこそ可能だったのではないかと、私はその時、強く印象づけられま

した。

子どもたちは、身の回りにいる親や教師ら、大人の態度や会話の中に、社会の一端を垣間見ています。それは、子どもにとって、いつも心地よい安心できることばかりではないでしょう。時には、大人社会への不信や不安を抱くきっかけとなることもあります。そんな時、同世代の仲間ともつ共感は、子どもたちが不安に耐えながらそれを乗り越え、自分には「仲間がいる」という安心感を築くうえで重要なものです。サークル対話は、毎日繰り返して行うことで、子どもたちが互いの信頼と尊重を学び、忌憚なく意見を交わせる仲間意識を築いていくためのパワフルな役割を果たしています。

こうした、参加者がみな車座になって平等に参加するサークル対話の形式は、今日のオランダでは、イエナプラン校以外の一般の学校でも、大学での研究会や企業や官庁といった職場での会議などでも、ごく当たり前のものになっています。サークルは、たんに仲間意識を育てるにとどまらず、参加者同士の関係をフラットにし、忌憚なく意見を言い合える環境をつくることで、互いの見方を検証するためのリフレクションの機会を提供し、ひいてはクリエイティブな問題解決を導くことにも役立つのです。

個別のニーズとテンポに合わせる

画一一斉授業の最大の問題点は、個々の子どもの発達のテンポやニーズに応じられないことです。学年制によってその年齢の「平均的な」レベルに合わせるというと一見平等のように聞こえますが、実は「平均的な」子どもなど一人もいないのが普通で、どの子どもも、それぞれ得意分野と苦手分野をもっているものです。[※16] 画一一斉授業は、結局のところ、ある分野でできる子どもをどんどん伸ばしてやることも、ある分野でどうしても理解が進まない子どもを適切なやり方でわかるまで指導することもできません。

「どの子どもに対しても平等な教育（発達の機会）を与えたいのならば、すべての子どもに不平等な教育をせよ」という言い方は、今日、オランダの教育界では合言葉のようによく聞かれます。

かつて日本と同じように画一一斉授業が主流だったオランダで、今日こうした考え方が普及

※16　「平均」信仰が、実はそれほど長い歴史をもつものでないこと、産業化時代の安直な効率主義の中で生み出されてきたものであることは、たとえば以下の書籍で論じられている。Rose, T.: *The end of average: how to succeed in a world that values sameness*. Allen Lane, 2016.

することとなった背景には、とりわけオールタナティブ校が、率先して個別の子どものニーズに応じ、テンポに合わせるやり方を実践し、その実績を証明してきたという背景があります。こうした実績をもとに、さまざまな方法が一般の学校にも伝播していったのです。

では、個別の子どものニーズやテンポに合わせるとは、どういうことなのでしょうか。

１９６０年代後半以降、オランダで画一一斉型の授業から個別教育への転換が起きた時代、教育界で広く受け入れられたのは、ソ連の教育心理学者ヴィゴツキーの「最近接発達領域」の考え方だといわれます。「最近接発達領域」とは、子どもが自分一人ではできないが、大人が少し刺激を与えたり手助けをしたりすればできる、すぐ次の発達段階のことで、教育者の役割はそこに働きかけることにある、と考えられました。

オランダで広がっていたモンテッソーリやダルトン、イエナプラン教育には、この理論に即して授業を展開できる仕組みがありました。それは、自立学習の時間を多く設けることで、子どもたちが、自分の現在の発達段階に即した課題に取り組み、自分なりのテンポで学びを進めていくことができるようにすることです。

モンテッソーリでは、子どもたちの言葉や数の理解を助けるために多様な教材を用意しています。たとえば、文字一つを覚えるにしても、たんに鉛筆と紙を使ってマス目の中に字を書く練習をするというだけではなく、その準備として、小さなビーズ遊びによって手や指先の細かな運動能力を養う、大きな板に貼り付けられた砂文字を指でなぞる、盆に入れた砂に指で字を書く、黒板にチョークで大きく字を書く、文字カードを使う、スタンプで文字を押す、などの作業を課題として提供することができます。

ダルトン教育では、一人ひとりの子どもに別々に、各教科、発達段階に合わせて、次の時期の達成目標を日単位、週単位で課題として与えます。子どもたちは、その課題を教師と自分との個別的な契約関係としてとらえ、責任をもって遂行することで、確実に次の段階へと進んでいきます。

イエナプラン教育でも、子どもたちの課題はそれぞれの進度によって決まり、自分がその週に達成すべき課題に対して、自分で必要な時間や順序を考えながら計画し、責任をもって達成していきます。教材は、可能な限り自分で読んで理解し、練習問題も自分で答え合わせができるものを使います。このようにすれば、授業を受けなくても自学自習で課題を達成できます。多様な教材があること、またそれを自由に選べることは、ですから、個別の発達に対する刺激と支援にとって欠くことができないものなのです。

また教室では、年齢の異なる子どもが一緒に小グループをつくって座っているので、生徒同士の学び合いが起き、教師が一人ですべての子どもを指導する必要がありません。子どもたちは、「習う」時にだけ学んでいるのではなく、人に「教える」時にこそ学んでいます。これは、アクティブ・ラーニングの重要な要素です。

このように、子どもたちが一人で自立的に、あるいは、子どもたち同士の助け合いを通して学んでいける仕組みをつくっておくと、教師は、常にすべての子どもに注意を払う必要がなくなります。必要な時に子どもたちの質問に答え、コーチングをすればよくなり、本当に手をかけて個別に指導しなければ発達できない子どもに十分な時間を割くことができるようになります。教師は、そのように主体的に学んでいる子どもたちが、困った時にいつでも相談できる存在、それぞれの子どもの発達を刺激する存在なのです。

もちろん、こうした授業の進め方では、同じクラスの子どもの学習進度にはばらつきができてきます。しかし、ばらついてはいても、すべての子どもが、それぞれの現在の発達段階に応じて右肩上がりの発達を続けています。

それは、「平均」の課題を、あたかも大半の子どもが理解できるかのように画一的・一方的に与えただけで「授業をし終えた」と安心している教師のかげで、もうずっと発達が止まってしまっている子どもが放置されてしまう、という状況とはまるで異なるものです。そういうやり方は、本当に学びたい子どもを伸ばしてやるという教育をしているのではなく、放っておいてもわかる子どもに、教えられなくてもできていることをやらせているにすぎません。

異年齢学級——「違い」の受容と活用

同じ学級に異なる学年の子どもたちがいる異年齢学級は、複式学級とは理念が異なります。

複式学級は、地域住民の高齢化や過疎化によって生徒人口が減少し、1学年の生徒数が1クラスを構成するのに十分でなく、財政的に学年制のクラス編成が不可能になった場合に、やむをえず編制されるものです。複式学級では、一人の教師が、同じ教室に座っている複数の学年の子どもたちに、それぞれの学年ごとに決められた課題を遂行させます。

異年齢学級は、これとは別のものです。異年齢学級は、複式学級にはない、二つの大きな要素をもっています。

一つは、子どもたちの発達過程のばらつきは大きいのが当然で、同年齢の子どもたちが、どの発達領域においてもまったく同じ能力を達成できるとは限らないという前提に立っていることです。したがって、異年齢学級では、複式学級とは異なり、学年の課題にはとらわれず、子どもの個々の発達段階を重視します。

もう一つは、異年齢学級では子どもたちの多様性が増すので、子ども同士の相互作用を生み出しやすいという点です。相互作用は、学力面においては教え合い・学び合いになりますが、社会性や情動性の面でも、お互いの違いがお互いの発達を刺激したり、協働や共感を促進したりします。

こうした点は、複式学級で教育を受けたことのある方は、経験知としてご存知のこともあるでしょうが、複式学級ではそれは意図的に行われるわけではありません。異年齢学級では、こうしたことが教育理念として事前に意識され意図されています。異年齢学級を実践している学校では、こうした面での教育的効果を積極的に取り入れるために、学年別の学級を編制できる状況であるにもかかわらず、あえてその枠を取り外しているのです。

オランダにおける異年齢学級の位置づけと意義

こうした異年齢学級は、オランダでは、1920年代から存在していたモンテッソーリ校、そして1960年代に紹介されたイエナプラン校が実践してきました。しかし、全体としては、オランダの小学校教育の大多数はいまでも学年制をとっています。

オランダではかつて、必修教育内容が学年ごとに決められていました。そして、各学年の目標に到達できない子どもは留年させるという慣行がありました。つまり、授業についていけない、いわゆる「落ちこぼれ」の生徒たちは、日本の学校のようにトコロテン方式で進級させられるのではなく、必要な知識やスキルを獲得できるまでは、同じ学年をやり直さなければならなかったのです。

そして、日本で「落ちこぼれ問題」が生じたのと同様、オランダでも1960年代には、毎年多数生じる「留年生」が大きな問題となりました。この問題は、裏を返すと、「なぜ多くの子どもが同年齢の子どもに期待されている平均的発達に到達できないのか。なぜ、学校はすべての子どもの発達を保障することができないのか」という問題でした。

それはたんなる学力の問題ではありませんでした。親の立場からすれば、留年が自己肯定感を傷つけるという点で、子どもたちの社会・情動性の発達に深くかかわる問題でした。他方、国の立場からすれば、留年によって教育費を二重に負担しなければならないという、教育費の余乗負担の問題でした。実際、1科目だけ達成すべきレベルに至らずに留年になる生徒は、すでにわかっているほかのすべての科目も繰り返さなければならず、国も、そのために1年分の教育費を追加しなければならないという無駄を生んでいたのです。

1969年、この問題に関する調査研究の結果がまとめられた有名な報告書「落ちこぼれへの抵抗」の中で、著者ケース・ドールンボスは、イエナプラン校やモンテッソーリ校の「異年齢学級」の実践に注目すべきだと示唆しました。これが、この二つのオールタナティブ教育に対する教育界や保護者の関心を一気に高めることになり、以後、これら二つを中心にオールタナティブ校が急激に人気を占め、その影響が全国に広がっていきます。

1970年代には、新「初等教育法」制定の準備が始まりました。そこでは、イエナプラン教育関係者の強い提言により、学年ごとの課題をやめて小学校終了時に到達されるべき目標を明らかにし、そこに至る方法については各学校の判断に任せることが法律として盛り込まれることとなりました。つまり、子どもたちの発達のプロセスには多様な形態があることを認め、さらに、目標に至るためには小学校8年間（4～12歳）という長い流れの中でいろいろな道があってよいということが、教育法として国の指針となったのです。その後、1981年に成立した現行の初等教育法では、学年ごとの必修課題は設けられず、すべての子どもが達成すべき最低限の到達目標を「中核目標[※17]」として示しています。

以後、オランダの初等学校（幼稚園と小学校）は、学年制に縛られることなく、8年間の初等教育修了時の目標に向けて、子どもたちの多様なニーズに柔軟に応えられるようになりました。個々の子どもの領域ごとの発達段階に照準を合わせて指導することが可能になり、またそれを実行しなければならないという法の縛りができたということです。その結果、それまでのように、1科目だけわからないために留年させられるということはなくなり、むしろ学校や教員のほうが、そういう子どもを落ちこぼれさせることなく、教材や教育手法を駆使して、確実に発達を伸ばしていくことが義務づけられたのです。

そんな中で、異年齢学級での教え合い・学び合いが、実際に威力を発揮するようになりました。言い換えれば、子ども同士の教え合い・学び合いなくして、一人の教員が限られた時間内にすべての子どもたちを指導することはほぼ不可能だったということです（異年齢学級の方式をとっていないダルトン教育などは、その点、個々の生徒と教員とのあいだで、個別の学習課題についての「契約」を結び、自立学習を中心に進めることで、この問題を乗り越えようとしています）。

しかし、異年齢学級の意義は、学力発達だけにとどまるものではありません。

とりわけ、イエナプラン教育では、異年齢学級における生きた社会と同型の人間関係、その中での社会性の発達を重視しています。年長者、年少者、その中間という年齢の違いは、ヨーロッパにかつて存在した職人集団の関係、すなわち職人（マイスター）、見習い、熟練者の関係を模したものです。つまり、異年齢学級において毎年子どもたちが異なる立場を経験することで、やがて社会に出ていった時に人間関係を形成する準備になると考えるのです。

このように、一人の子どもがクラスの中でさまざまな立場を経験するようになると、学年制で起こりがちな、同学年集団の中での「できる子」「できない子」のレッテル貼りがなくなります。学年制で画一一斉授業型の学校では、みなが同じ授業を受けるので、一人だけが「知らない」「わからない」と言うのは難しいことですが、異年齢学級であれば、誰かが何かをほかの子どもよりもよく知っていたり、逆によく知らなかったりすることは当たり前です。そういう環境では、いわゆる「できる子」にとっても「できない子」にとっても、お互いに助け合い補い合うのが当然となり、お互いの強みを尊重し合いながらともに社会にかかわっていくことを学ぶ機会が生まれます。

イエナプラン教育では、異年齢学級は、教師にとっても意味のあるものと捉えられています。

※17　中核目標はオランダ語ではKerndoelenであり、初等教育8年間修了時の目標と、中等教育前期3年間修了時の目標が定められ、5年ごとに更新されている。中等教育後期（高校レベル）に関しては、進学コースごとに卒業資格を取るために行われる卒業試験（校内審査と全国統一試験）で審査される目標値が示され、これが中核目標と同じ役割を果たすこととなる。

すなわち、同質性に注目してしまう学年制から、異質性に注目する異年齢学級にすることによって、教師は子どもたちへの個別の対応をより意識するようになります。子どもたちの平均値に注目するのではなく、子どもたちのあいだの違いに注目せざるをえなくなるのです。

このように、教師が子ども一人ひとりを尊重する態度をとるようになれば、子どももまた、お互いの違いを尊重できるようになっていきます。社会の成員は、外見も、考え方や性格も、もって生まれた得意・不得意も違っていて当然だという前提が、お互いを尊重し合う関係を築く基盤となるのです。

障害の壁を超える

１９６０年代、オランダが古臭い保守的な社会から民主的でオープンな社会へと転換を遂げようとしていた頃、オランダでイエナプラン教育を広めたスース・フロイデンタールは、「インクルーシブな教育」という言葉を使いました。まだ特別支援教育がオランダなどヨーロッパの先進諸国でも一般化していなかった時代のことです。

このインクルーシブ教育という考え方は、その後、１９９０年代の「児童の権利条約」や「サラマンカ宣言」における基本理念ともなりました。[※18] オランダでは、インクルーシブ教育は、一方では１９９０年代以降、「特別支援教育」の進展という形で障害をもつ子どもたちの普通教育へのインクルージョンとして展開され、他方、２０００年代なかば以降、「民主的シチズンシップ教育」の義務化という形で、差別のない平等な市民社会への参加を準備する教育として展開されていきます。

これは、かつて拙著において「オランダの共生教育」という言葉で表現した二つの方向性をもつ学校教育のあり方です。[※19] こうしたインクルージョンの考え方こそは、苫野さんが子どもたちが身につけるべき重要な理念として主張しておられる「自由の相互承認」のあり方に直接かかわるものです。以下、本章の締めくくりとして、インクルーシブ教育のオランダにおける実践を紹介していきましょう。

ロッテルダム市のベッドタウンにあたるバレンドレヒト市のドクター・スハエプマン小学校は、イエナプラン校としての長い歴史をもち、インクルージョンの理念に沿って、難病の子、ダウン症の子、車椅子を使わなければならない子などを、積極的に普通学級に受け入れてきた学校です。

※18　児童の権利条約についてはhttp://www.mofa.go.jp/mofaj/gaiko/jido/で、サラマンカ宣言（声明）についてはhttp://www.nise.go.jp/blog/2000/05/b1_h060600_01.htmlで全文を読むことができる。
※19　拙著『オランダの共生教育―学校が公共心を育てる』（平凡社、２０１０年）。

生まれて間もなく患った病気のためにほとんど視力を失ってしまったマリーナ（9歳）も、4歳で入学して以来5年間、この学校の普通学級で学んできました。

マリーナには、午前中、補佐役の助教員がついています。この助教員は、もともと小学校教諭の資格をもつ保護者の一人ですが、マリーナの学習を補佐するために学校から協力を依頼され、毎日午前中に勤務するようになりました。助教員は、マリーナの移動を手伝ったり、理科の実験や観察の時、また社会科で地形や地図の読み方を学ぶ時など、視覚障害があるとどうしてもほかの子どもと同じようにはできないところを、個別に手助けしています。

また、マリーナのためには、ディスプレイに映し出される文章を点字で読むことのできるコンピューターが教室に用意されています。このコンピューターを使えば、マリーナがキーボードを使って書く文章を、教師やほかの子どもたちはディスプレイ上で普通に読むことができますし、印刷すれば他者と共有することもできます。半年ごとの学力発達モニターのテストもこのコンピューター上で行われますし、教材もコンピューター上で学べるものが多いので、大半の教科学習については、マリーナはみんなと同じように学ぶことができます。

5年間マリーナを支援してきた助教員は、「マリーナは、自分が目が見えないということをすっかり受け入れています。マリーナにとってそれは当たり前のことなのです。周りの子どもたちも、それをごく自然に受け止めています」と言います。実際、子どもたちは、とりたててマリーナを特別扱いしていないし、休み時間など外遊びをする時、外から教室に入ってくる時、教室を移動する時など、実にさりげなく、周りにいる誰かが彼女に必要な手助けをしています。

このように、障害児を健常児から明確に区別してしまうのではなく、両者を可能な限りともに同じ教室で学ばせるというやり方は、イエナプランに限らず、ほかのオールタナティブ校でも積極的に行われてきました。元来、こうした学校では、障害児がほかの健常児とは区別される存在であるという見方をしません。なぜなら、いわゆる「健常児」「普通の子」といわれる子どもたちも、それぞれに得意・不得意があり、好き嫌いや性格の個性があり、どの子一人をとってもあらゆる面で平均的に発達しているということはありえないからです。

子どもをできる・できないで分けるのではなく、一人ひとりの子どものどこに強い面と弱い面があるかを見極め、それぞれがもつ強さを伸ばし、弱い面・まだ力が伸びきっていない面を刺激するという考え方は、教師が、教室に居並ぶ子どもたちを一絡げにして、無個性の子ども集団として捉える見方を抑制します。そして、この点が学校全体できちんと確立していれば、なんらかの心身の障害をもつ子だけを別に取り上げて、ほかの「普通の子」とは異なる特別な存在として区別する態度は生まれにくくなります。

オールタナティブ教育の教育者たちが強調してきた、こうしたインクルーシブな見方・考え方は、１９７０年代に画一教育から個別教育への転換が起こり、それが根づいていくにつれ、一般の学校でも徐々に共有されていきました。そして、このインクルーシブな考え方がある程度受け入れられ素地ができていたからこそ、１９９０年代なかば、オランダの普通校全体に「特別支援教育」が義務づけられた時に、それが浸透していくことができたのです。

個別対応教育への道

オランダの特別支援教育が完成した年といわれる２０１４年、「個別対応教育（Passend Onderwijs）」が始まりました。この年度以降、障害児は、ほかの子どもの安全な環境を阻害するようなよほどの暴力的行動がない限り、普通校において受け入れられることとなりました。この個別対応教育は、これに先立つ特別支援教育の二つのステップを経て導入されたものです。

第一ステップは、１９９６年に実施された「もう一度一緒に学校へ（ＷＳＮＳ）」政策です。この政策により、オランダの小学校には、それまで「学習困難児」として別の特別支援校に送られていた軽度の心身障害や学習障害をもつ子どもたちが、普通校に〝もう一度〟受け入れられる仕組みが整えられました。

すべての普通小学校には、ＩＢ（Internal Begeleider：学校内サポーター）と呼ばれる特別支援教師が設置されます。ＩＢ教師の最も大きな役割は、その学校に通学しているすべての子どもの発達記録を管理することです。その中で、個別の対応が必要だと思われる子どもが発見された時、つまり通常の授業だけでは周囲から遅れをとる子どもについて、①担任教師とともに、一定の期間を定めて、その期間の終了時に望まれる発達目標とそのための指導方針を計画し、期間終了後、その経過を振り返って目標が達成されたかどうかを確認する、②その学校の教職員チームがもつ教育力だけではその子どもの発達を支援するに十分でないと判断した場合、言語療法士や理学療法士、特別支援教育の専門家、特別支援学校から派遣される専門教員など、外部の専門家に指導をしてもらう、という仕組みになりました。全生徒の発達をモニターしているＩＢ教師が、特定の子どもの特定の領域での発達の遅れをいち早く発見し、問題を放置することなく、すぐに診断を受けたり、専門家から助言を得るなどの対策を考え、どの子も「落ちこぼれる」ことのないように責任をもってかかわることが義務づけられたのです。

各学校のＩＢ教師らは、定期的に地域で集まって会合を開きます。彼らは特別のニーズをもつ子どもへの取り組みについて情報交換し、時間の経過とともに、現場で得られる知見を積み上げていきます。

さらに特別支援教育の第二ステップとして、２０００年代になって、通称「リュックサック制策」と呼ばれる政策が始まりました。これにより、普通校で受け入れられる障害の範囲がさらに広がりました。この制度の正式名は「生徒当たり付属補助金政策」というもので、障害をもつ子どもたちは、その障害について国の基準に基づいて判定を受け、普通校で特別支援を受けるための追加資金を受け取ります。この追加資金を架空のリュックサックに詰めて学校を選ぶという形で、障害のある子どもは自分が好きな普通校を選べるようになったのです。

たとえば、前述のマリーナのために毎日午前中に学校にやってくる補佐役の助教員を雇うための資金、点字入力ができるコンピューターの購入費などは、「リュックサック」に詰められた資金で賄われてきました。イエナプラン校のように、とくに個別の発達に関心をもってきたオールタナティブ校でなくても、「リュックサック」を背負った子どもがその学校を選んできた場合、用意された特別支援のための資金を使って、その子が学べる体制を学校が用意することになったのです。

こうした経緯を経て、２０１４年9月から始まったのが現行の「個別対応教育」です。これは、特別な支援を必要とする子どものための国庫からの追加教育資金を、全国にいくつかある学校グループに平等に分配し、それぞれのグループに属する学校群が共同して、限られた予算内で、対象となる子どもたちに最適な教育の場を責任をもって提供するというものです。

この制度が導入された背景には、リュックサック制策の実施により、「学習障害」の判定を受けて特別資金を受給する子どもの数が予想以上に増加し、国の予算が不足してしまったということがありました。この問題を解決するために、全国の学校（普通校と特別支援校）が地域ごとの学校グループにまとめられ、特別支援を必要とする子どもたちに対する責任を共同で負うことになったのです。

特別支援校は、クラスの規模が小さいので、通常の学校に比べると、生徒一人当たり約8倍の資金がかかるといわれています。障害のある子どもたちを安易に特別支援校に送ると、資金がパンクしてしまうのです。国は、地域の学校グループに資金を提供して予算管理を任せることで、限りある予算の範囲内ですべての障害児に最適な教育機関の提供を保障するという責任を現場の学校側に委譲したわけです。

実際、それまでこうした子どもたちを積極的に受け入れてきた学校はどうしてもオールタナティブ系の学校に偏りがちでしたが、個別対応教育が導入されてからというもの、すべての学校は可能な範囲で障害のある子どもを受け入れる体制を整えなければならなくなりました。結果的に、一般の学校の教員たちの意識も変わらざるをえなくなっていきました。

ここにきてついに、長くオールタナティブ系の学校が主張してきていた「インクルージョン」の考え方が、学校教育全体に行きわたることとなったのです。

普通校でのインクルーシブ教育の実践

個別対応教育制度への移行からまだ日が浅い現在、普通校の教員たちのあいだからは、これまで以上の過重労働への不服の声も聞かれます。しかし他方で、こうした制度への移行を予測して、何年も前から、重い障害児を積極的に受け入れてきた学校もあります。

たとえば、ロッテルダム市立プルス・プント小学校。この学校は、２０１４年に個別対応教育が始まる10年ほど前、市の方針で身体障害児のための特別支援学校から普通校に変わりました。

もともと特別支援学校だったために、車椅子を使っている子どもが他校に比べて多く、どのクラスにも必ず1人か2人ほど、そうした子どもたちがいます。障害も重く、たんに歩行が困難であるというだけではなく、身体が麻痺しているために首を支える器材を必要としたり、自分では食事ができなかったり、言葉を明瞭に発音できなかったりします。

学校は、鉛筆や本を手に持つことができない子どもでもほかの子と一緒に学べるよう、積極的にデジタル教材や機材を導入しています。また、貧しい家庭の子どもたちもコンピューターにアクセスできるよう、学校にはリース用のコンピューターが何台も揃えられています。

さらに、授業の合間に理学療法士や言語療法士によるセラピーを受けられるように、校舎の中に療法室が設けられています。こうしたセラピーは、国の特別医療保険が資金を保障し、通常は自宅か自宅付近で受けるものですが、市は、このように学校内に施設を併設することで、障害児のために便宜を図っています。それが可能なのは、学校の校舎も療法室も、市が設置する公共施設であるためです。

このように、健常児と障害児が分け隔てられることなく学べる環境づくりは、両者が互いを排除しないインクルーシブな社会への第一歩であるのです。

外国籍の子どものインクルージョン

学習の困難の原因は、心身の障害だけとは限りません。この原稿を書いている現在も、ヨーロッパ諸国には、数万人単位で紛争地シリアからの難民が流入していますが、オランダは中世の時代から、諸外国の難民や移民を受け入れてきた国として知られています。

またEU加盟国は、「児童の権利条約」に基づき、まだ滞在ビザを取得していない、つまり身分のうえでは移住先の国の市民権を得ていない「不法滞在」の難民の子でも、滞在3ヵ月を経ると就学義務を課し、国の教育費で教育を保障することとしています。

移民や難民の子どもたちは、初等教育や中等教育の中途で外国からオランダにやってきますから、その国の文化も言語も知らないことが多いのです。ましてや、紛争から逃れてくる途中で生命の危険に出会ったり、家族と離別するなど困難な状況を経験している場合も多く、トラウマを抱えていたり、家族が著しいストレスの中にあることも稀ではありません。そうした子どもたちを受け入れるのは学校にとっても大きな課題ですが、これも「教育の自由」があることによって、一方で躊躇する学校もあれば、他方では積極的に受け入れる学校もあるというのが現状です。

ハーグ市南部の移民集住地区にあるレーヘンボー小学校は、こうしたオランダ語が話せない外国籍の子どもたち、とくに学齢期の途中で移ってきた難民の子どもたちを積極的に受け入れている学校です。オールタナティブ教育の理念を掲げている学校ではなく、普通の小学校です。もともとカトリック系の私立校ですが、先ほどから繰り返しているように、「教育の自由」のおかげで、公立校と同じように国の資金を受給しています。近隣にはほかにいくつも小学校がありますが、その中でも、外国籍の家庭で育つ子どもたちのオランダ語能力の不足を補う指導に力を入れており、広域から子どもたちが通学しています。

ジェシカ先生は、この学校のＩＢ教師です。この学校では、特別支援を必要とする子どもが大多数を占めており、そういう子どもが数人しかいない平均的な学校に比べて、授業計画の立案は困難を極めます。子どもたちがそれぞれの発達段階に応じた指導を受けられるように、ジェシカ先生は、コンピューターのプログラムを使って、一人ひとりの発達の記録をもとに、各学年の子どもたちを科目ごとの進度によってグループ分けし、必要に応じて追加の教員をつけるなどして、どの子どもも落ちこぼれることのないように配慮しています。

このような学校は、アムステルダム、ハーグ、ロッテルダム、ユトレヒトなど、移民人口の多い都市部にはよくあります。一般校に比べて追加教員の数が多いのは、移民生徒の比率が高い学校に対して、自治体が国からの補助を得て、資金を追加支給できる仕組みがあるからです。

また教員の力だけでは十分な個別指導ができない場合には、保護者たちの学校参加を呼びかけます。年金生活をしている高齢者ボランティアや、ワークシェアリングによって週のうち何日か自宅にいる保護者らが、子どもたちが早くオランダ語を習得できるよう学校に協力するのです。実をいうと、保護者自身、オランダに来て日が浅いためにオランダ語ができなかったり、社会的なネットワークをもっていない場合も多いのですが、学校は、こうした保護者にとっても、オランダ社会への同化において重要な役割を果たしています。

ジェシカ先生のようなこうした学校のＩＢ教師は、保護者に対して学校の垣根を低くすることで、学校職員と保護者とのコミュニケーションを円滑にします。その究極的な目的は、子育てについてのヴィジョンを学校と親が共有し、子どもの発達環境を最善のものにすることにあります。

民主的シチズンシップ教育――デモクラシーの礎として

インクルージョンとは、たんに心身の障害の有無を超えた互いの受容ということだけではなく、究極的には、肌や髪の色などの外見の違い、文化的背景や社会階層の違い、同性愛や性同一性障害など性的指向性の違いなどによる価値観や政治的立場の対立を乗り越えて、対等な関係で互いの存在を受け入れ合うこと、何に対しても優越をつけて差別することなく、共生することを意味しています。

したがって、インクルーシブ教育で大切なのは、たんに一般にマイノリティの立場にある人を受け入れることを教えるということではなく、マジョリティ／マイノリティの別にかかわらず一人ひとりの個性を認め、どの人も同等の価値ある存在であることを受け入れる人間を育てること、すなわち真の意味で「民主社会」の基礎をつくることにあるのです。この観点から、以下、オランダで２０００年代なかばに初等・中等教育のすべてに義務づけられることとなった「民主的シチズンシップ教育」についてご紹介していきたいと思います。

民主的シチズンシップ教育が義務化された背景には、一部のイスラム系移民の急進化や難民の流入など、今日ヨーロッパが直面している深刻な問題があります。市民社会の長い歴史をもつオランダではありますが、人々の市民意識の形成に関して不確実な要因が増えてきていたのです。

移民や難民としてオランダに流入してきた人々は、多くの場合、非西洋の開発途上国や紛争地の出身です。制度的にも人々の意識のうえでも民主化が未成熟な国からやってきている移民の場合、保護者も民主的な市民意識を学校で十分に学んでいない場合が少なくありません。そうした一般のオランダ人とは異なる価値観をもつ移民の家庭では、オランダの家庭では自然に行われている自立心や自分の意見をはっきり述べる態度の育成ができていないことがしばしばあるのです。また、男尊女卑的だったり権威主義的だったりする親の態度や、宗教や慣習によるタブーを容易に踏み外すことのできない状況などもみられます。

さらに、移民と一口に言っても文化的背景は出身国により多様ですから、さまざまな国籍の子どもたちが入り混じる路上や盛り場では、お互いが共有すべき規範がなく、価値観が混沌としています。つまり子どもたちは、家庭、学校、路上といった、異なる複数の倫理的価値観が混在した環境の中で成長しているのです。

他方、小さい時から家庭や学校で「民主制」や「個人主義」を当たり前のものとして育ってきたオランダ人の側にも問題があります。彼らは、自分の権利についてははっきりと主張しますが、社会一般の利益にまで考えを及ぼせることはあまりなく、移民や難民に対しても、無関心・無理解であることが多いのです。この傾向は、最近、ＩＳなどによるテロリズムの脅威が広がるにつれ、反イスラム意識や外国人排斥意識へとつながっています。また、「自由」といいつつも、それは店で商品を選ぶような消費行動面での自由にとどまることが多く、必ずしも自分自身の「良心」にしたがった行動を選ぶという意味での自由、かつて啓蒙思想の広がりとともに議論された、どんな権威にも屈しない個人の「精神の自由」であるとは限りません。

つまり、キリスト教的価値観をベースとする西洋の近代的価値意識をもつオランダ人の側にも、非西洋の移民文化の中で育ってきた人々の側にも、お互いを対等な社会の成員として認め、社会の平和や安定のために協力し合っていくという姿勢が、現在弱まってしまった面があるのです。

そうした中、２００４年に起きた映画監督の暗殺事件が、オランダの民主的シチズンシップ教育義務化の引き金となりました。それは男尊女卑を認めるイスラム教を批判する短編映画を撮った監督が、急進的なイスラム教徒に白昼路上で暗殺されるという事件でした。犯人がオランダ生まれで、オランダの学校で教育を受けたイスラム系移民であったことがオランダ社会に大きな衝撃を与えました。「オランダの学校は移民の子どもたちに何を教えてきたのか」という教育界の猛反省が起き、間もなく、すべての初等・中等学校で、民主的シチズンシップ教育が義務づけられることとなったのです。オランダ人と非オランダ人とのあいだの不信感をこれ以上助長させてはならないとでもいうかのように、各学校は民主的シチズンシップ教育に取り組んでいきました。

オランダの民主的シチズンシップ教育の権威的指導者であるユトレヒト大学教育学部のミシャ・デウィンター教授は、学校を「『仲間市民』である子どもたちが民主社会の市民になるための『練習の場』である」と表現しています。まさに、オランダ人と非オランダ人の子どもが出会う学校という場で、価値観の異なる者同士の平和裡の共生を目指した民主社会の市民的態度を育てることに、公教育の一つの意味が見出されているのです。

民主的シチズンシップ教育の実践

民主的シチズンシップ教育のための授業カリキュラムは、学校ごとにつくられることもありますが、多くの場合は、全国に何ヵ所かある教育サポート機関（民間企業）が作成したものを授業に取り入れています。

中でも目立っているのは、フレーデザームスホール（英語ではピーサブルスクール[※20]）と呼ばれるプログラムです。導入校は現在、全小学校の約1割、600校あまりに及んでいます。

フレーデザームスホール・プログラムの主な要素は、週1回の授業と、メディエーターと呼ばれる上級生によるコンフリクトの仲裁です。

このプログラムでは、①クラスの仲間づくり、②コンフリクトを自分で解決する、③コミュニケーション、④感情、⑤コンフリクトの仲裁、⑥違いの受容という六つのテーマのそれぞれで、6〜10回ずつの授業を行います。授業は年間で計38回行われます。授業の中で、子どもたちは、設定されたその日のテーマに沿って意見を交換し、ほかの仲間の意見に耳を傾けることを学びます。ここで使われるサークル対話の形式は、イエナプラン教育やフレネ教育が以前から重視してきたものです。また、ロールプレイや人形劇などのアクティヴィティを通して、自分とは異なる他者の立場に自分を置き換えて物事を見直す練習もします。

※20　前掲拙著『オランダの共生教育』では「ピースフルスクール」と訳したが、開発者たちは「ピーサブルスクール」をより好んで採用している。それは、このプログラムが目指しているものが、常に「ピースフル」で問題のない学校なのではなく、むしろ人間社会で「コンフリクト」が起きるのは当然であるという前提に立ち、それを乗り越え、コンフリクトをウィン・ウィンで解決することで平和を取り戻せる、という考えによる。

フレーデザームスホール・プログラムのもう一つの大きな柱である「生徒メディエーター」は、学校で起きる子ども同士のコンフリクトを解決するために、上級生の中から自主的に応募した生徒たちが、外部専門家によるトレーニングを受け、学校で起きるコンフリクトの仲裁者になる、というものです。生徒メディエーターの役割は、対立している子どものうちのどちらか一方が正しいと裁定するのではなく、両者それぞれに自分の言い分を話させ、お互いの言葉に耳を傾けて相手の立場や言い分を理解させ、それを通して、対立していた子どもたち自身が、相手の立場になりながら解決策を提案できるように仲裁することにあります。つまり、利害が対立している両者がウィン・ウィンの解決法を導けるようにファシリテートするのです。

これまでの学校は、子どもたちの喧嘩といえば、とかく権威者である教師が解決しようとしてきました。時には、対立の理由も背景も問わずに、教師の判断で、喧嘩そのものを排除しようとすることすらあったことでしょう。それは、教師が、意見の対立という状況をどう乗り越えるかを教えることにはあまり関心がなく、授業を平穏に行える状況を維持することに関心があったためでしょう。

しかし、フレーデザームスホール・プログラムでは、人と人が対立することそのものは避けられないことであるとして受け入れ、むしろ、その対立状況にある当事者らが、話し合いを通して自分たちの力で相手を受け入れられるところまでいく、つまり自分と相手の双方が歩み寄って納得のいくウィン・ウィンの解決を導く力を子どもたち自身がもてるようになることを目指しています。子どもたちがやがて大人になって社会に出て行く時、そこには、学校の先生のような喧嘩を解決してくれる権威者はいません。社会で自立するためには、対立をお互いの力で乗り越える力をもっていることも必要なのです。「強い者に巻かれておけ」「いじめっ子には反抗するな」「成績のよい人が常に優先されて当然」といった、従来の学校にありがちだった態度で対立を解決していたら、社会はどういうことになっていくでしょうか。

フレーデザームスホール・プログラムは、このようにして、多くの学校に染みついた権威主義や勝ち負けの文化を問い直してきます。そしてさらに大切なのは、こうしたプログラムを学校が取り入れるに伴い、子どもたちにそれを教える教師や保護者などの大人たち自身が、インクルーシブな生き方をするように迫られていくことにあります。学校は、差別意識や排他性の強いエクスクルーシブな社会を、異文化共生や多様な価値観の共存を基盤とするインクルーシブな社会へと変革していくための場として、大きな意義をもっているのです。

4 学びの「個別化・協同化・プロジェクト化」の〝融合〟

苫野一徳

前章でわたしは、公教育の「本質」（目的）が明らかになったいま、続けて探究されるべきは次の4点であると述べました。

①現代において「自由」に生きるための〝力〟は何か？
②その〝力〟はどうすれば育めるのか？
③「自由の相互承認」の〝感度〟はどうすれば育めるのか？
④「一般福祉」を実現するための教育行政はどうあればよいか？

リヒテルズさんが前のパートで概要を述べられた現代オランダの教育は、これら四つの問いに対する答えを、あるいは少なくともその示唆を、十分に与えてくれているように思います。

そこで以下、そのようなオランダの教育が、なぜ「よい」あるいは「妥当」といいうるものなのか、哲学的・原理的に下支えしつつ、これら一つひとつの問いについてじっくり考えていくことにしたいと思います。

知識基盤社会

まず一つ目の、現代において「自由」に生きるための〝力〟は何か、というテーマについて。
このことを考えるには、現代とはどういう時代・社会なのか、まずは明らかにしておく必要があります。

いい古された言葉ではありますが、「知識基盤社会」と「グローバル化社会」という二つのキーワードを挙げておく必要があるでしょう。

まず、「知識基盤社会」について。

わたしたちの社会は、かつての大量生産・大量消費が中心の産業主義社会から、知識・情報・サービスが中心の、ポスト産業主義社会へと変貌を遂げています。

すでに多くの商品が市場に行きわたっている現代社会においては、単純な大量生産・大量消費はあまり成り立たず、企業は、さまざまなサービスや付加価値を見出し続けなければなりません。単純にいってしまうなら、ポスト産業主義の今日、モノはすでにありあまっているのです。

さらに、今日企業は、経済のグローバル化、地域住民や株主といった多様な人々の声への応答、環境問題への取り組みなど、さまざまな新しい課題にも多かれ少なかれ対応しなければならなくなっています。

こうした時代において、企業で働く従業員にはどのような〝力〟が求められているでしょうか。

産業主義社会においては、多くの企業が求める〝人材〟の大多数は、一部の経営者層の指示に従い、「言われたことを言われた通りに効率よくこなす」ことができる労働者だったといえるでしょう。そのため、学校教育もまた、子どもたちに「決められたことを決められた通りに勉強させる」ことが、ある意味では求められていたといえます。そしてまた、その基準において子どもたちを〝選抜〟することにも、良い悪いは別にして、ある種の合理性がありました。

しかし時代は大きく変わりました。ポスト産業主義社会（知識基盤社会）においては、大企業に限らず、企業の従業員には、「言われたことを言われた通りにこなす」だけでなく、みずから考え、また多様な人たちと協同して課題を解決していける、そのような力が求められるようになっているのです。

企業で働く人たちばかりではありません。それは、農業や漁業に従事する人たちにとっても、また、医師や教師といったさまざまな専門職にも、今日これまで以上に求められている力です。

種々の専門知識は、現代においては急速に進展し続けています。そしてまた、複雑化する現代社会においては、専門家はその専門分野内部だけに閉じこもっているわけにはいかず、多様な職種の人たちとともに、協力し合って課題を解決していくことが求められているのです。

さらにいえば、よく指摘されているように、いまの小学生が社会に出る頃、彼ら彼女らの6〜7割は、現在は存在しない仕事に就くだろうといわれています。そしてまた、決して少なくない割合の職業が、その頃にはすでになくなっているかもしれないのです。

このような社会において、「学力」は、決められた知識・技能をただ蓄積していくこと以上に、みずから学び、また学び続ける力へと質的な転換を迫られています。

もっとも、こうした「学び続けることを余儀なくされる」、ある意味ではきわめて過酷な現代社会に対しては、これまでさまざまな批判が寄せられてきました。[※21] ここではそのことについてくわしく論じる余裕はありませんが、たしかに、誰もが常にあくせく「学び続けなければならない」社会は、ひどく息苦しいものであるに違いありません。

しかしだからこそ、わたしの考えでは、教育は今日、「学ぶ力」「考える力」「考え合う力」を、やはりすべての子どもたちに育み、保障しなければならないというべきなのです。

この息苦しい時代・社会において、どうすれば自分なりの幸せや喜びや自由を得られるのだ

※21　たとえば、苅谷剛彦『学力と階層―教育の綻びをどう修正するか』（朝日新聞出版、２００８年）などを参照。

ろうか？　そのための力能はいったいどのようなもので、どうすれば学び取っていくことができるのか？　子どもたちは、こうした問いを、ただ教育から受け身に〝与えられる〟だけでなく、みずから考え、学び、そして多様な人たちと協力し合って、〝答え〟を見出していく必要があるのです。「決められたことを決められた通りに」「言われたことを言われた通りに」勉強させることが中心の教育では、そんな子どもたちを力強く育み支えていくことは困難でしょう。

コンテンツ・ベースからコンピテンシー・ベースへ

以上のような学力観の転換は、一般に「コンテンツ・ベースからコンピテンシー・ベースへ」といわれています。つまり、どれだけの知識・情報（コンテンツ）をため込んだかよりも、それらを駆使して何ができるかという能力（コンピテンシー）が、今日求められているというのです。

これは世界的な潮流ですが、そのとりわけ顕著にして嚆矢ともなった例は、ＯＥＣＤが組織したDeSeCo（Definition and Selection of Competencies）プロジェクトによる、「キー・コンピテンシー」の提言です。

キー・コンピテンシーとは、現代社会においてわたしたちに必要とされる、主要な能力群のことです。DeSeCoプロジェクトでは、次の三つがそのコンピテンシーとして挙げられています。すなわち、「相互作用的に道具（言語・知識・情報）を用いる能力」「異質な集団で交流する能力」、そして「自律的に活動する能力」です。これらの観点は、ＯＥＣＤが実施している国際学力調査ＰＩＳＡテストにも取り入れられています。

こうした世界的な潮流の影響を受け、日本でも、２０１３年、国立教育政策研究所によって「21世紀型能力」が明確化されました。これは、「思考力」を中核に、それを支える「基礎力」、そしてこの両者を方向づける「実践力」の三層構造から成るものです。

「キー・コンピテンシー」にしても「21世紀型能力」にしても、細かな批判がないわけではありません。しかし少なくとも、「コンテンツ・ベースからコンピテンシー・ベースへ」という学力観の転換に関しては、大筋において、多くの教育学者や教育関係者にその必要性が認識されているといっていいでしょう。

本当のグローバル化問題

以上述べてきたことは、現代社会において、子どもたちの就業するための力や職業上の能力をどう育むかという観点からのものでした。いうまでもなく、これらの力はわたしたちの「自由」の根幹をなすものです。

しかし、わたしたちの「自由」のためには、さらに決定的に重要なことがあります。前章で縷々述べた、「自由の相互承認」の〝感度〟を育むということです。

この点については、現代における「グローバル化」の観点から次のことを述べておきたいと思います。

教育の文脈で「グローバル化」が強調される時には、往々にして、「グローバル競争に勝ち抜けるグローバル人材を育成せよ！」という主張が目立ってしまいがちであるように思います。しかしそれは、わたしの考えではかなり一面的な主張です。というのも、「グローバル化」は、少なくとも次の三つの側面から考えられなければならないものだからです。

一つ目は、「経済のグローバル化」。二つ目は「世界リスク社会としてのグローバル化」。そして三つ目は、「文化交流のグローバル化」です。

経済のグローバル化

「経済のグローバル化」からみていくことにしましょう。

先にみた、「グローバル人材を育成せよ！」という主張は、主にこの意味における「グローバル化」を意識したものといっていいでしょう。

しかしこの意味でのグローバル化には、実はきわめて深刻な問題もあるのだということを、わたしたちは十分に自覚しておく必要があります。

経済のグローバル化とは、それまではローカルな経済競争でよかったものがグローバル化するということですから、競争がきわめて苛烈になることを意味しています。それは言葉を換えれば、世界大の深刻な貧富の格差がもたらされかねないということです。

世界大だけではありません。一国内においても、それは深刻な格差を生み出す傾向があります。中国や東南アジア諸国など、低賃金の国や地域が「世界の工場」になると、グローバル経済においては、それに連動して、先進国の賃金が多かれ少なかれ低下せざるをえなくなるからです。

国家はその時、本来であれば、国民の生活を守るためここに歯止めをかけなければなりません。しかし日本は、これまで、一部の労働者を犠牲にしてでも、企業の国際競争力をバックアップする道を選んできました。自国の企業に対する国家の規制は、グローバル市場における競争力の低下を意味してしまうからです。

その一つの典型が、非正規雇用という雇用形態の創出でした。経済学者の水野和夫氏の言葉を借りれば、「いわば労働は、資本の側にすり寄った国家に裏切られた」[※22]のです。

こうした格差の拡大は、より広い視野からみれば民主主義の深刻な危機につながります。民

※22　水野和夫『終わりなき危機―君はグローバリゼーションの真実を見たか』81頁（日本経済新聞出版社、2011年）。

主主義は、前章で論じたように、人々がお互いを対等に「自由」な存在として承認し合う社会、すなわち「自由の相互承認」の原理において成立するものだからです。だからその対等性・平等性が崩れ去った時、民主主義は大きな危機にさらされることになるのです。

以上のような事情を踏まえると、「グローバル競争で勝ち抜けるグローバル人材を育成せよ！」と声を大にして言うのは――その必要性を全否定するわけではありませんが――かなり一面的な主張というべきでしょう。グローバル社会においてあるべき教育の姿は、本当は、もっと深く、広い視野から考えられるべきであるはずなのです。

世界リスク社会としてのグローバル化

そこで、次の観点、すなわち「世界リスク社会としてのグローバル化」について述べたいと思います。

これは、ドイツの社会学者ウルリッヒ・ベック（Ulrich Beck, 1944-2015）が、１９９０年代末に提起した概念です。予見も制御もきわめて困難になってしまった、世界大化したリスクを抱える社会。それが「世界リスク社会」です。

２０１１年3月11日の、東日本大震災に伴う福島の原発事故を経験したわたしたちにとって、これはあまりにリアリティのある言葉です。

今日、科学技術の統制はいまだ一国内の問題です。しかしそこで起こる問題は、一国内を超えてグローバル化してしまうのです。

まさにわたしたちは、原発事故が、国内にとどまらず、世界にどれほど大きな影響を与えるかを目の当たりにしました。しかもその損害賠償金は、天文学的な数字にまで膨れ上がり、もはや保険によって対処可能な次元のものではありません。

ベックは次のようにいっています。

必ず保険をかけてマイカーを運転する、といったすべてのドライバーにとって当然のことが、高度産業主義における危険の必然性を前にして、全産業部門と未来のテクノロジーにとっては、気付かないうちに自明ではなくなってしまっているのです。（中略）つまり、世界リスク社会は、保障可能性の限界を超えて、バランスを取り、稼動しているのです。[※23]

アメリカのサブプライム・ローン破綻に始まり、２００８年のリーマン・ショックを引き金とした世界金融危機なども、典型的な世界リスクです。

※23　ウルリッヒ・ベック（島村賢一訳）『世界リスク社会論―テロ、戦争、自然破壊』99頁（ちくま学芸文庫、２０１０年）。

今日のグローバル経済においては、経済問題もまた一国内の問題にとどまらないのです。つまりわたしたちは、現在、経済的な観点からいっても、予見も制御も事後的保障も不可能な、世界大の深刻なリスクと隣り合わせの社会に生きているのです。

しかしベックはいいます。この現状を前に、わたしたちはただ悲観するのではなく、いまこそ、この世界リスクに対処するための協力関係を築き上げていくべきなのだ、と。

ベックが訴えるのは、グローバルな協調体制・法整備への道です。各国が、今後いかに国際的な協調体制を構築し、世界リスク社会に対応する道を切り開いていけるか。これは現代社会最大の課題の一つなのです。

以上のような観点を踏まえるならば、繰り返しいってきたように、グローバル社会においては、「グローバル競争に勝ち抜ける人材を育成せよ！」といっているだけではまったく不十分であることがわかるはずです。グローバル社会における教育の本質、それは、世界の人々と協力し合い、相互了解関係を見出し合える、そんな子どもたちを育んでいくことにこそあるはずなのです。

いうまでもなく、これはいわゆる「グローバルエリート」だけの課題ではありません。どれだけ国際的な協調・了解・承認関係を「グローバルエリート」たちが築こうとしたところで、それがわたしたち一人ひとりの理解と支持を得られなければ、その努力が実ることはないからです。そしてもっと根本的にいえば、そのような「グローバルエリート」は、わたしたち市民一人ひとりの内から育まれるからです。

文化交流のグローバル化

グローバル化の三つ目の観点は、「文化交流のグローバル化」です。

いうまでもなく、わたしたちは今日、多様な文化や価値観をもった世界の人たちと、多かれ少なかれ、何らかの仕方で交流し、共生していかなければならない時代に生きています。

文科省によれば、平成26（2014）年5月1日現在、公立の小学校、中学校、高等学校、中等教育学校、および特別支援学校に在籍する日本語指導が必要な外国人児童生徒は、およそ3万人です。地域によっては、クラスに数人の外国籍の子どもがいることも珍しくありません。

一方、外国人労働者の数は、平成26年10月末現在、約79万人です。外国人と同じ職場で働くことも、同じ地域で生活することも、いまではやはり珍しいことでありません。

こうした社会において、わたしたちに求められているのは、あらためて、多様で異質な人たちと、いかに相互了解関係を築き合っていけるかということでしょう。

それぞれ価値観や感受性の異なる人類が共生するためには、わたしたちは、それぞれがやはり「相互承認」の〝感度〟を育まなければなりません。相手がどのような価値観や感受性をもっていようとも、それが誰かを傷つけるのでない限り、ひとまずは「承認」する。「承認」し合う。そしてそのうえで、調整し合う。これが「相互承認」の〝感度〟です。そして社会は、この「相互承認」の精神に支えられ、またこれをルールとして設定することではじめて、わたしたちが自由に平和に共存することを可能にするのです。

以上の観点からすれば、わたしたちはやはり、世界大の相互了解・相互承認の〝感度〟を育む教育をこそ、しっかりと充実させていく必要があるはずなのです。

現代社会において「自由」に生きるための〝力〟は何か。以上から、わたしたちはこれを簡潔に次の二つのキーワードでいい表すことができます。すなわち、それは「学ぶ力」としての学力と、「自由の相互承認」の〝感度〟である、と。

そこで以下では、これらを公教育においてどのように育むことができるのか、考えていくことにしたいと思います。先に挙げた問いの②と③、すなわち、「自由」に生きるための力と「自由の相互承認」の感度を、どうすれば育んでいくことができるのか、論じていくことにしましょう。

アクティブ・ラーニングとは何か

この観点から、昨今おおいに注目を集めるようになっているのが「アクティブ・ラーニング」です。

２０１４年11月、下村博文文部科学大臣（当時）は、中央教育審議会に対して行った諮問の中で、次の学習指導要領における「アクティブ・ラーニング」の充実を提案しました（２０１６年度改訂、２０２０年小学校、２０２１年中学校、２０２２年高等学校で全面実施の予定）。

この提案の背景には、右に述べてきた「知識基盤社会」と「グローバル化」という現代社会の実情がありました。文科省は、アクティブ・ラーニングを充実させることで、現代を生き、また未来の社会を築いていく子どもたちに必要な能力を、確実に育んでいきたいと考えたのです。

文科省によれば、アクティブ・ラーニングは「教員による一方向的な講義形式の教育とは異なり、学修者の能動的な学修への参加を取り入れた教授・学習法の総称」と定義されています。

実はそれまでにも、文科省は「アクティブ・ラーニング」の推進を提言してきました。しかしこれは、どちらかというと、大学教育の「質的転換」を求める文脈の中で多く取り上げられてきたものでした。ただ黙って座って講義を聞くだけの授業から、プロジェクト型の学びや体験学習、フィールドワーク、ディスカッション等を多く含んだ授業への転換です。

それがこの「諮問」を大きな契機として、この言葉は、日本の教育界全体に一気に広がることになりました。書店の教育書コーナーには、「アクティブ・ラーニング」関連の書籍がずらりと並び、「アクティブ・ラーニング」に関する研修会なども、各地でさかんに開催されるようになりました。

いうまでもなく、「アクティブ・ラーニング」やそれに類する学びのあり方は、今になって突然注目されるようになったものではありません。主体的・能動的な学びの大切さは、日本でも何十年にもわたって絶えず主張されてきたものです。「総合的な学習の時間」に代表されるカリキュラム改革も、そうした学びのあり方を推進するものでした。

さらには、また後でいうように、「アクティブ・ラーニング」型の学びは、20世紀の教育哲学者ジョン・デューイ（John Dewey, 1859-1952）以来、すでに１００年以上の理論と実践の蓄積をもつものです。大学教育においてはいくらか目新しさがあったとしても、日本のとくに小学校においては、ある程度なじみのあるものといえると思います。

そうした、デューイ以来の教育理論や実践等を、これまでいくらか専門的に研究してきた者として、わたしは「アクティブ・ラーニング」の方向性が近年強く打ち出されたことに、基本的にはおおいに賛同しています。

「基本的には」というのは、昨今の「アクティブ・ラーニング」ブームの中に、いくらか不安を感じているところもあるからです。とくに問題だと考えているのは、この「アクティブ・ラーニング」が、多くの場合、「協働的・協調的」な学びとほぼ同義で使われているように思える点です。

後述するように、わたし自身は、学びの「個別化・協同化・プロジェクト化」の〝融合〟を提唱しており、「協同的な学び」は、今後決して欠かせない学びの中核だと考えています。しかし、もしも「協働的・協調的」な学びが今後学校現場を覆い尽したとしたら、それは、これまでのいわゆる「一斉授業」が「一斉アクティブ・ラーニング」に変わったにすぎません。[※24]つまり、授業における学びのスタイルは、結局のところ教師によって決められたままなのであり、そこに子どもたち自身の選択の余地はないのです。

前節でリヒテルズさんが主張されたように、わたしたちは一人ひとり、自分に向いた学びのあり方も、進度も、興味・関心も、本来違っているものです。にもかかわらず、これまで学校教育は、多くの場合それをかなり統一してしまってきました。決められたカリキュラムを、全員が同じ進度で、一斉授業を通して学ぶ。そんな授業スタイルが、これまでの日本の学校の一般的なあり方でした（もちろん例外はたくさんありますが）。

その観点からいえば、今度はまたぞろ全員に、「協働的・協調的な学び」を押しつけるのもまた、その本来の意図からすれば本末転倒だろうと思います。「主体的」な学びとは、自分に

※24 「協働」は collaboration の訳、「協同」は cooperation の訳という説がある。英語であれば場合によって使い分ければいいかと思うが、日本語の場合は、わたし自身はどちらかといえば「協同」を好んで使う（行政文書などでは「協働」のほうが一般的だが）。学びについては、協力して「働く」というよりは、力を合わせて取り組む、探究するといったほうが、しっくりくるように思われるからだ。ただし、後述するように、学校ではみなが常に「同じ」テーマを探究する必要はない。学びの「個別化」が、学校ではまずその基本姿勢として据えられ、そこに「協同化」が（自然に）〝融合〟されている必要があるのだ。

はどのような学び方が最も適しているかということもまた、「主体的」に考え模索していく、いわば学び方それ自体を学び取っていけるようなものであるべきだからです。

もう一点、アクティブ・ラーニングに「基本的には」賛同している、と留保をつけたのは、今般の「アクティブ・ラーニング」の提唱は、今後15〜20年かけて向かうべき、より包括的な学びの転換の最初の宣言にすぎないとわたしは考えているからです。先に触れた、デューイ以来の理論と実践の蓄積の観点からするならば、これはまだほんの第一歩にすぎないというべきなのです。

では、わたしたちがさらに先を見据えて構想・実践すべきヴィジョンは、いったいどのようなものなのでしょうか。

わたしの考えでは、それが、先に述べた学びの「個別化・協同化・プロジェクト化」の〝融合〟です。これら三つは、文字通り〝融合〟されるべきものではありますが、以下では便宜的に一つずつ論じていくことにしたいと思います。かつて『教育の力』（講談社現代新書、２０１４年）という本で詳論したものですが、そこでは書き切れなかった点も加えて、以下にその概要を論じることにしたいと思います。

学びの「個別化」

まずは学びの「個別化」から。

先述したように、子どもたち一人ひとりに向いた学びのあり方、進度、興味・関心などは、本来大きく違っているものです。

しかしこれまでの日本の教育は、多くの場合、そのほとんどを統一してしまってきました。決められたことを、決められた時間割に従って、みなに同じ進度で勉強させる。考えてみれば、これはきわめて非効率なことです。

イヤな言葉ですが、いわゆる「落ちこぼれ」は、こうした学校教育システムによって生み出されてしまっている側面がかなりあります。リヒテルズさんもいわれているように、オランダが、それまでの一斉指導から個別教育へとその方針を切り替えた背景には、この「落ちこぼれ」の問題がありました。

でも、もしも一人ひとりに向いた学び方や進度で学習を進めることができたなら、彼ら彼女らは、もっと高い学習レベルに到達できるはずなのです。

反対に、たとえばある時期算数に非常な興味を示した子どもは、そのまま何週間も算数だけをやっていたなら、1年かけて学ぶはずだった学習内容を、そのたった数週間でマスターしてしまえるかもしれません。洋画や海外ドラマに興味をもった子どもは、学校の英語の授業なんかより、それらを自分で教材にして、英語力をぐんぐん伸ばせるかもしれません。

でも多くの学校では、子どもたちは決められた時間割に従って勉強していかなければなりません。英語の授業も、多くの場合、全員が教科書の決められたページを勉強するよう指示されたりします。

つまりいま、多くの子どもたちは、学びのペースや教材を学校や教師によって管理されてしまっていて、自分たちなりの仕方で進めていくことがほとんど許されない状況にいるのです。

ダルトンプラン

このことを大きな問題と考え、１００年も前に学びの「個別化」をラディカルに訴えたのは、ジョン・デューイから大きな影響を受けたヘレン・パーカースト（Helen Parkhurst, 1887-1973）でした。

パーカーストは、「ダルトンプラン」（ドルトンプラン）と呼ばれる教育実践によって、世界中に知られるようになりました。前のパートでリヒテルズさんが述べられたように、現代のオランダにもこの教育は浸透しています。

日本でも、ダルトンプランは大正時代かなりさかんに実践されました。もっとも、その「自由」を重んじる教育が、時の政府から弾圧を受けるなどしたために、結局十分広まることはなかったのですが。

パーカーストは、その著『ドルトン・プランの教育』において次のようにいっています。

ドルトン実験室プランの第一の原理は自由である。学問的な側面から考えても、また教養的な側面から考えても、生徒が勉強に没頭しているときは、その教科が何であっても、決して妨害しないで、自由にどこまでも継続させるようにしなければならない。なぜならば、興味がわくと精神はいっそう鋭敏になり、いっそう敏活になって、その研究の途中に起ってくるどんな難問題でも克服することができるのだから。

この新しい方法ではベルをならして、生徒の勉強時間をこま切れにきって、他の教科に向かわせたり、別の教師につかせたりはしない。こんなことをすれば、生徒のエネルギーはおのずと浪費されてしまう。（中略）自由とは、自分の必要なだけの時間をとることである。他人の時間でするのは奴隷である。※25

パーカーストは、全員に適用されるお仕着せの時間割を廃止して、子どもたちが教師の力を

※25　パーカースト（赤井米吉訳）『ドルトン・プランの教育』28頁（明治図書出版、1974年）。

借りて自分で学習計画を立て、それを自分のペースで着実に進めていける教育を提唱・実践したのです。

そのために、ダルトンプランでは、まず子どもたちに1年分のカリキュラムを明示し、彼ら彼女らが、今後自分たちが何を学ぶのか可視化できるようにしています。そしてそのうえで、1週間から1ヵ月ごとに学習計画を立て、自分のペースで学びを進めていくのです。リヒテルズさんが述べられているように、オランダでは、ダルトンやイエナだけでなく、このような学びの「個別化」の重要性が全国的に広く認識されています。

わたし自身は、子どもたちがいつ何を学ぶかを決めたお仕着せのカリキュラムや、その大もとになっている学年学級制といったシステムそれ自体を、今後はもう少し弾力化していったほうがいいと考えています。子どもの成長や学びの進度は人それぞれですから、何年生の何学期にこれを学ばなければならないといったことなどが、あまり細かく決められてしまうのは合理的でないからです。

しかしパーカーストは、これら近代学校の産物それ自体は否定しませんでした。彼女は、決められたカリキュラムと学年学級制を土台として、学びの「個別化」を提唱・実践したのです。その意味では、現代の日本においても、比較的取り入れやすい実践といえるかと思います。

もっとも、一斉授業が中心だったこれまでの学校では――あるいは「アクティブ・ラーニング」でさえ――「みんなで一緒にやる」ことが基本的に想定されていることを考えると、学びの「個別化」はかなり困難の多いものになるでしょう。教師が決めたスケジュールに従った授業は、子どもたちの学習を教師自身がコントロールできる（ような錯覚を得やすい）ものです。そのため、子どもたち自身の手に学びを委ねることには、多くの学校現場では抵抗があるかもしれません。

しかしあらためていっておきたいと思います。子どもたちは、学び方の向き不向きも、その進度も、興味・関心も、一人ひとり異なっているものです。そんな子どもたち一人ひとりの、最も高い学びの達成を考えるなら、決められた時間に決められた教科を一斉に勉強させるのは、本来きわめて非効率的なやり方というべきなのです。

学び方とその計画や進度を、子どもたちの手に委ねる。これはたしかに、ある意味でとても勇気のいることです。でも、教育学のさまざまな研究や、オランダをはじめ多くの教育実践における経験からいえることは、子どもたちは、管理されたり強制されたりするよりも、むしろみずからの手に自由な学びを手にした時のほうこそ、条件さえ整えたなら、力強く学び成長していくものだということです。[※26]

※26　その一つのラディカルな実践例として、ダニエル・グリーンバーグ（大沼安史訳）『世界一素敵な学校―サドベリー・バレー物語』、同『自由な学びが見えてきた―サドベリー・レクチャーズ』（いずれも緑風出版、2006／2008年）などを参照されたい。

それはもちろん、子どもたちを放任することとはまったく違います。人は本来、学びたい、知りたい、できるようになりたい、という欲求をもっているものです。でも勉強を嫌々「やらされる」時や、そのペースを自分の手でコントロールできない時、せっかくのその欲求を、多くの場合失ってしまうものです。だからこそ大人たちは、子どもたちのその欲求とみずから成長する力を、最大限活かしうる環境を整える必要があるのです。そして、彼ら彼女らの学びをガイド、サポートし、その成果に徹底的に責任をもつ必要があるのです。

学び方の多様性

イエナプラン教育には、ブロックアワーと呼ばれる、2時限分の授業時間を使った自立学習の時間があります。イエナプラン教育を紹介したDVDには、この時間中、自分の机につい立てを立てたり、ヘッドフォンで音楽を聞いたりしながら勉強している子どもたちの姿が収められています。[※27]わたしも、リヒテルズさんに案内いただいてオランダの学校をいくつか視察に訪れた際、そのような子どもたちの姿をしばしば見かけました。

こうした姿を見るにつけ、「自分に合った学び方は人それぞれだなあ」とあらためて思わされます。音楽を聴きながらのほうが勉強がはかどるという人もいれば、完全な無音、完全な孤絶状態でなければ勉強できないという人もいるでしょう。カフェのようなほどよい騒音の中だと集中できるという人もいるでしょうし、一人で勉強するより、仲間と学び合うほうが身につきやすいという人もいるでしょう。そしてそれは、時と場合によってもまたさまざまです。

全員が先生のほうを向いて、静かに座って黒板をノートに写す、といったスタイルだけが、学びのあり方ではないのです。むしろそれは、わたしたちの学びのごく一部にすぎないというべきなのです。

実りある学びの「個別化」の実践のためには、そうした環境面にも配慮する必要があります。すべての机と椅子が黒板のほうを向いて配列されている無機質な教室よりも、イエナプラン教育のいうような、リビングルームとしての教室のほうがよりふさわしいかもしれません。子どもたち自身で、教室を心地のいい空間にしばしば「リフォーム」してみるのもいいでしょう。[※28] 図書館やコンピュータルーム、食堂、運動場といった、さまざまな空間をうまく利用して、一人きりになれたり協同で作業したりできる環境を整える必要もあるでしょう。

※27　リヒテルズ直子監修「明日の学校に向かって―オランダ・イエナプラン教育に学ぶ」（グローバル教育情報センター、２０１５年）。

※28　「教室リフォームプロジェクト」については、岩瀬直樹『クラスづくりの極意―ぼくら、先生なしでも大丈夫だよ』（農山漁村文化協会、２０１１年）を参照されたい。

実は柔軟な日本の制度

ちなみに、時間割の弾力化や廃止をしたうえでの学びの「個別化」は、日本の現行制度上これを妨げるものは何もありません。学校教育法施行規則には、各教科等の「標準授業時数」が定められていますが、そのために時間割を作れとか、全員一斉にやれとか、そんな規定はどこにもありません。むしろ「個に応じた指導」の工夫改善は、学習指導要領にもその必要性が明記されているものです。

日本の国の制度には、実はかなり柔軟な部分が多いのです。このことを、教育関係者は十分に知っておきたいものだと思います。日本の学校教育制度の硬直性を、とくにオールタナティブ教育の観点から厳しく批判する言説はたくさんありますが、実は制度そのものは、それなりに現場の自由を保障しているといえなくもないのです。むしろ、これを運用する教育行政関係者や学校関係者が、慣習上、さまざまな制限をみずからに課してしまっていることのほうが多かったりもするのです。

もっとも、読者の中には、1学級30人も40人もいる子どもたち一人ひとりの個別の学びを、一人の教師が全部サポートするなんて不可能だといわれる方もいらっしゃるかもしれません。

しかしこれは、リヒテルズさんも論じられた通り、学びの「協同化」を取り入れれば実は十分に対応可能なことなのです。

それぞれの学びを「個別化」しながらも、子どもたち同士が教え合い学び合う環境をつくり出す。何もかも、教師が面倒を見る必要はないのです。むしろ子どもたちは、お互いに学び合ったほうが、より力強く学びを進めていけることさえあるのです。

相互承認のための「個別化」

そこで続いて、「個別化」と「協同化」の〝融合〟について論じることにしたいと思いますが、その前にもう一点、学びの「個別化」について付け加えておきたいことがあります。

それは、学びを「個別化」することで、先述した「相互承認」の〝感度〟もまた、互いに育み合うことができるようになるだろうということです。

学びの「個別化」において、一人ひとりの学びは最大限に尊重されます。それゆえ子どもたちは、それぞれが違っていて当然という〝感度〟を、じっくりと育んでいくはずです。「みんなで同じことをしなければならない」という圧力がとかく働きがちな日本の教育において、これはとても重要なことだとわたしは思います。

そしてまた、この「個別化」と「協同化」の〝融合〟もまた、「相互承認」の〝感度〟を育むにあたってきわめて重要なことです。それぞれがそれぞれの学習を進めながらも、ゆるやかにつながり合い、助け合って学びを進める。子どもたちはそうした経験を積み重ねながら、「相互承認」の感度をきっと育んでいくことができるはずなのです。

学びの「協同化」

そこで続いて、学びの「協同化」についてです。

多くの研究が明らかにしているように、「協同的な学び」は、一斉授業やたんなる個別学習よりも、子どもたちの学力向上におおいに寄与するといわれています。

もちろんそのためには、教師のファシリテート力や子どもたち自身の協同に向かう姿勢の醸成、その前提としての、学習コミュニティ内の安心感、相互信頼感など、いくつかの条件をクリアしている必要があります。しかし、もしも十分に意義深い学び合いをファシリテートすることができたなら、その効果は、一斉授業やたんなる個別学習に比べて、かなり高いものになるといわれています。学校に限らず、企業や芸術制作の現場においてさえ、競争より協同のほうが、生産性やその質がはるかに高くなるという研究もあります。[※29]

先生に一方的に教えられるより、友だちに聞いたほうがよく理解できた、という経験を、多くの人はもっていることと思います。また、友だちに教えることで、自分の理解が深まったという経験も、多くの人にはあることでしょう。

生徒と教師の相性もあります。この先生の教え方ではどうしてもよく理解できない、ということも、日常的によくあることです。だからこそ、学校教育には「協同的な学び」をふだんに取り入れていく必要があるのです。

「計画的な学び合い」と「自然発生的な学び合い」

先述したように、いまいわれている「アクティブ・ラーニング」は、どちらかといえば、こうした「協同的な学び」を核にして推進されているように思います。その具体的な方法については、すでに良書がたくさん出ています。グループワークやディスカッションを多く取り入れた授業や、その時間の学習目標を、子どもたち同士の教え合い・学び合いを通して、全員で達成したりする授業の方法など、各現場ですぐ試せる方法論も多く開発されています。ぜひ、参考にしていただければと思います。[※30]

わたしは、このような「アクティブ・ラーニング」型の授業を、「計画的な学び合い」と呼んでいます。いましがた述べたように、一斉授業（だけ）でなく、グループワークや教え合

※29　たとえば、アルフィ・コーン（山本啓、真水康樹訳）『競争社会をこえて―ノー・コンテストの時代』（法政大学出版会、1994年）などを参照。

い・学び合いの機会を、授業計画の中にふんだんに取り入れた授業です。

ただ、繰り返し述べてきたように、学び方の向き不向きは人それぞれ違っています。だから、「アクティブ・ラーニング」といっても、それは本来、協同的なアクティブさを全員に押しつけるものであってはならないはずです。〝アクティブ〟にすぎる学び合いが苦手な子どもも、いまは人とかかわりたくないと思う子どもも、現実には少なくないはずだからです。わたしのみるところ、すぐれた「協同的な学び」の実践には、そうした配慮が十分に行き届いています。

そしてだからこそ、教育の基本的視座には、あらためて学びの「個別化」がおかれる必要があるのです。

「個別化」を基本とする場合、それぞれの子どもが別々の学びを進めるため、一つの学習目標に向かった「計画的な学び合い」だけで授業を進めることはできません。しかし、それぞれが別々のことをしながらも、なお、お互いにゆるやかにつながりながら、教え合い学び合うことは十分に可能です。

たとえば、こちらでは計算問題を、あちらでは詩の暗誦をしている子どもがいたとして、でも必要に応じて、こちらの子があちらのクラスメイトに計算方法を尋ねたり、あちらの子がまたこちらのクラスメイトに詩の暗誦を聞いてもらったりする。そんな、ある意味では淡々とした学び合いが、学びの「個別化」にはセットになっている必要があるのです。

これを私は、「自然発生的な学び合い」と呼んでいます。それぞれがゆるやかにつながりながら、ごく自然な形で教え合い学び合う。そのような学び合いが可能になる環境を、教師はつくり支える必要があるだろうと思います。

イエナプラン教育の現場でも、個別の自立学習にはこうした「自然発生的な学び合い」が融合しています。そしてその背景には、サークル対話を通した日常的なコミュニケーションや、次章で論じられる「ワールド・オリエンテーション」（日本でいうところの「総合的な学習の時間」）におけるさまざまな協同的なプロジェクトがあります。

「自然発生的な学び合い」の環境をしっかりとつくり出すためには、こうした日常的な相互コミュニケーションが欠かせないのです。そうしたコミュニケーションなしに、いきなり学びを「個別化」したなら、それは「個別化」ではなく「孤立化」した学びになってしまうことでしょう。[※31]

※30　西川純『すぐわかる！できる！アクティブ・ラーニング』（学陽書房、２０１５年）、小林昭文『アクティブラーニング入門―アクティブラーニングが授業と生徒を変える』（産業能率大学出版部、２０１５年）など。協同的な学びについては、杉江修治『協同学習入門―基本の理解と51の工夫』（ナカニシヤ出版、２０１１年）、佐藤学『学校の挑戦―学びの共同体を創る』（小学館、２００６年）なども参照。

※31　「孤立化」ではなく「個別化」を、という表現は、教育事業家の杉山史哲さんから借りた。また、岩瀬直樹「公立学校だからこそ、『学習の個別化』を」『授業づくりネットワーク』19号、16―21頁（学事出版、２０１５年）も参照されたい。

だから、学びの「個別化」と「協同化」の〝融合〟を可能にするためには、「計画的な学び合い」や、次章で述べる「プロジェクト型の学び」の経験などを、十分に積んでおく必要があります。そうすることで、「個別化」した時にも、しっかりとお互いに助け合い学び合える土壌を築いておくのです。

このような「個別化」と「協同化」の融合は、おそらく、わたしたち人間にとってきわめて自然な学びの姿です。その時々に必要なことを、自分で学び、わからなかったりもっと理解を深めたかったりした時は、誰かに助けを求めたり、協同して学びを進める。これは、幼児も、また社会人も、誰もが自然にやっていることです。教師が一方的に教えることに重点をおいた学びのあり方は、だからある意味では、「学校」だけで行われてきた、ある種不自然なものだとさえいえるかもしれないのです。

現代学校の存在意義

以上述べてきた学びの「協同化」は、次章で論じる学びの「プロジェクト化」と並んで、今後の学校の大きな存在理由になるでしょう。

というのも、〝たんなる〟個別学習は、いまではインターネットを通して十分可能になっているからです。たとえば、「質の高い教育を、無料で、世界中のすべての人に提供する」ことをミッションとしたアメリカのNPO「カーンアカデミー」のウェブサイトには、初等・中等・高等教育のさまざまなレッスンビデオが、何千本も無料で公開されています。その一部は、現在日本語でも視聴可能です。

iTunes Uに行けば、世界の有名大学の講義を無料で受けることもできます。学習指導要領に沿ったNHKのテレビ番組も、いまではインターネットで無料視聴できます。民間のオンライン学習サイトも、日々激しい競争にさらされながら、受講者が飽きずに続けられる工夫を凝らした質の高いサービスを開発しています。

こうした質の高い学習コンテンツを、自分の関心に応じて、完全に理解できるまで何度でも繰り返し、しかも無料または格安で見ることができる時代にあっては、学校が、決められたカリキュラムに従って決められた時間に一斉に授業を行う理由は、もはやほとんどなくなったといっていいでしょう。少なくとも、画一一斉授業が中心の学校教育は、すでに前世紀の遺物であるというべきです。

そもそも、画一的なカリキュラムを、一斉指導を通して子どもたちに教えていくという近代学校のパラダイム自体、まだわずか150年ほどの歴史しかもっていないものです。そしてそのパラダイムが勃興した大きな理由は、いうまでもなく、大量生産・大量消費の産業主義時代の到来にありました。前章で述べたように、上質かつ均質な労働者を育成するためには、良い悪いは別にして、まず何よりも、学校において画一一斉指導を通した詰め込み教育が合理的だと考えられたのです。

しかし時代が変わったいま、学校が、これまでと同じようなパラダイムで存在し続けることはまず不可能です。

民主主義の土台を築く

こうした時代の変化を、最も早い時期に感じ取り、そして教育のパラダイム転換を訴えたのが、デューイや先に紹介したパーカーストら、20世紀初頭の先進国における、いわゆる「新教育運動」の担い手たちでした。

パーカーストは学びの「個別化」を実践しましたが、デューイの影響を受けて、「自由」と「協同」をダルトンプラン教育の二大原理として掲げていました。つまりここにおいても、「個別化」と「協同化」はセットで考えられていたのです。

デューイが「協同的な学び」を提唱した理由は、大きく二つありました。[※32] 一つは、子どもたちには、発見欲求や創造欲求、表現欲求、そしてコミュニケーション欲求などが本来備わっているのだから、学校はこれらを最大限活かして教育を行うべきである、ということです。一方的で強制的な勉強は、せっかくのこれら欲求の力を、むしろ殺してしまいかねないのです。

もう一つの理由は、この協同的な学びこそが、互いに助け合い協同し合うことを通して、民主主義の土台を力強く築き上げるのだということです。つまり、こうした経験を積み重ねることで、子どもたちは「相互承認」の〝感度〟を育んでいくことができるのです。

もっとも、付け焼き刃的な、ごくたまにグループワークを取り入れるといった「協同」だけでは、かえって逆効果になってしまうおそれもあります。普段それほど会話を交わさない人と、突然グループワークをさせられることに、わたしたちは多かれ少なかれ抵抗を感じるものです。でもだからといって、好きな者同士でかたまった学び合いも、そこに入れない子どもたちに孤独や惨めさを感じさせてしまいます。

そもそも学級というところは、見ず知らずの者同士が、突然同じ空間に押し込まれてできたものです。わたし自身は、人間社会全体からみれば不自然な、この学年学級制をもう少し弾力化したほうがいいと考えていますが（マルチエイジの学級編成は、その一つのアイデアといえるかもしれません）、それはともかく、このような教室空間には、目に見えない集団力学が常に働いているものです。そして今日、多くの子どもたちは、そんな力学を敏感に感じ取りながら、多かれ少なかれ〝空気〟を読み合って生活しているのです。[※33] そんな環境におかれた子どもたちが、突

※32　ジョン・デューイ（市村尚久訳）『学校と社会・子どもとカリキュラム』（講談社学術文庫、１９９８年）。

※33　土井隆義『キャラ化する／される子どもたち—排除型社会における新たな人間像』、同『つながりを煽られる子どもたち—ネット依存といじめ問題を考える』（いずれも岩波ブックレット、２００９／２０１４年）等を参照。

然グループワークだとか学び合いだとか言われたら、「相互承認」の〝感度〟を育むどころか、むしろ相互不安や相互嫌悪を高めてしまうことになりかねません。

だからこそ、教師は、子どもたちが日常的なコミュニケーションを通してお互いをよく知り、安心し合える関係性を築けるよう配慮する必要があります。そして、付け焼き刃のイベント的な学び合いではなく、日常的・継続的な、そしてできるだけ流動的なグループにおける学び合いを進めていく必要があります。また、その際にはもちろん、〝一人でいる〟こと、〝一人で学ぶ〟ことも尊重されるべきです。

以上のことは、昨今の「アクティブ・ラーニング」ブームにおいて、常に意識されておくべきことだと思います。そのような、一人ひとりの学びを尊重しつつ、必要に応じて助け合い学び合える関係を築くことで、子どもたちはきっと、「相互承認」の〝感度〟をみずから力強く育んでいくはずなのです。

ところで、以上述べてきた民主主義の土台としての「協同的な学び」は、インターネット時代の今日においては、なおいっそう学校の重要な存在意義として強調すべきことでしょう。

オンライン学習は、学びの「個別化」のための強力なツールです。今後の学校教育にも、積極的に取り込んでいくべきだとわたしは思います。

しかしそれだけではまだまだ不十分です。「個別化」は、「協同化」とセットになってはじめて、その効力を最大限発揮することができるのです。学力面においても、また、「相互承認」

の〝感度〟を育むという点においても。

オンライン学習においても、学習者同士がSkype等を通してコミュニケーションをはかったり、その他何らかの工夫を通したりして、協同的な学びを実現できないこともないでしょう。しかしそれでも、「相互承認」の〝感度〟は、生身のコミュニケーションを通してこそ、しっかりと根を張って育まれていくものです。生活や苦楽をともにしたり、喧嘩や仲直りや、激しい議論を交わしたりしながら、それは徐々に育まれていくものだからです。

インターネット時代の今日だからこそ、これからの学校には、そのような環境を整えるものとしての存在意義があるのです。

＊

以上、学びの「個別化・協同化・プロジェクト化」の〝融合〟のうち、まずは個別化と協同化の融合について述べてきました（プロジェクト化については次章で詳論します）。知識基盤社会とグローバル社会を背景に、子どもたちに「学ぶ力」と「相互承認」の〝感度〟をしっかりと育む必要があるのだとするならば、わたしたちは、画一一斉型のカリキュラム・授業から、右に述べてきたような学びのあり方へと、少しずつ変えていく必要があるはずです。

リヒテルズさんが述べられたオランダの教育は、まさにこのことに自覚的であるという意味において、十分な妥当性をもった教育のあり方といえるだろうと思います。「教育の自由」も、ダルトンやイエナなどの実践も、インクルーシブ教育もフレーデザームスホール（ピーサブルスクール）も、すべては、教育は各人の「自由」とその「相互承認」のためにあるという理念において成立しているのです。

第3章

ホンモノの世界の中で問い、学ぶ

5　グローバル時代の教育ヴィジョン

――「正解を覚える」から「学ぶことを学ぶ」へ

リヒテルズ直子

社会に対する学校の役割や責任、すなわち公教育のあるべき姿は、時代とともに変化していきます。それは、子どもたちがやがて出ていくことになる将来の社会の姿と連動しています。今年小学校に入る子どもたちが学業を終えて社会で働き始める10～20年後、また働きざかりとなる30～40年後の社会は、いったいどのようなものなのか。公教育の内容を策定する教育行政関係者や、教育現場で子どもたちの全人的発達に直接影響を与える教師たちには、未来の社会がどんな姿のものになるのか、そのために子どもたちにどんな力をつけておいてやらなければならないのか、可能な限り考えを深めておく責任があります。

グローバル時代の教育の課題は、地球規模でつながり合っている自然現象や社会事象のシステムの中で生きていく力を育てることです。人類の活動の帰結として地球の自然環境そのものが危機に瀕しているいま、文化や宗教、そして言語の異なる人々が、環境の回復と人類の平和裡の共存のためにともに力を合わせていかなければならないことは誰の目にも明らかでしょう。自分がこうしたことに貢献できていると自覚できれば、幸福感にもつながります。

そのために、公教育にかかわる人々は、すべての子どもたちが、それぞれみずからの特性を見出すと同時に、自分とは異なる他者を尊重し、他者と協働してよりよい社会の建設と健全な環境の回復にかかわっていけるよう準備する責任を負っています。

このパートでは、こうした観点から、「競争」よりも「共生」、「習うこと」よりも「学び続けること」をヴィジョンに据えたオランダの学校での取り組みについて、特徴的、象徴的なものを紹介したいと思います。

産業化時代の教育——エリート選抜主義の弊害

欧米先進諸国で画一一斉授業が始まったのは、政治権力者や企業家など一部のエリートが、社会を効率的大量生産に基づく産業化に向かわせてようとしていた時代のことです。

18世紀なかばの産業革命以後、多数の人々が伝統的な農村共同体を離れ、都市の工場労働者となっていった時代は、ヨーロッパに近代国家が成立し国民教育（＝公教育）が整備されていく時代と重なっています。画一一斉授業に基づいて、すべての子どもに一定の知識やスキルを身につけさせるべく競争が行われた時代には、個々の人間がもつ生得的な個別の能力よりも、互換性の高い画一的な就労能力が求められていたのです。

やがて工業生産が機械に取って代わられると、労働者が働く場は工場からサービス産業へと移行していきましたが、ここでも、労働者に求められる能力は事務処理能力に変わっただけで、画一教育による規格にはまった労働力育成への疑いがもたれることはほとんどありませんでした。そのような傾向は、日本だけのことではなく、程度の差こそあれ、欧米においてもみられました。

この間、労働市場を管理し、科学技術の進歩を牽引し、社会の意思決定を先導してきたのは、政治・経済界のエリート、官僚、それを支える学者たちでした。一斉授業による画一的労働者の育成と競争による少数エリートの抽出こそは、こうした時代の公教育（?）に当然の役割として課されていたものでした。

元来、王政を倒したフランス革命後に実現していく近代的法治国家の公教育には、法を守り自立して行動する市民の育成という目的があったはずですが、同時に進行していた産業革命後の先進国間の経済競争の中で、こうした目的はむしろ蔑ろにされていたといえます。そして、日本が明治時代にヨーロッパに学んで取り入れた近代の学校教育とは、まさにそうしたものであったのです。

けれども、その結果として何が起きたでしょうか。工場であれ、サービス産業であれ、労働者として社会に送り出される人々は、自分の意思で行動し、自分の頭で考えることをやめるように学校の中で訓練されるようになってしまったのです。みずからの意思や考えをもたず、教師が一方的に伝える知識を可能な限り正確に習得できる生徒が、学校においては「よい子」とみなされ、よい大学に入りエリートコースを進むための条件になっていきました。

とりわけ、有名高校や有名大学への入試競争が苛烈化した日本で、その傾向はきわめて顕著です。知識の詰め込みと、その知識を数値で測定する試験がエリートを選抜する手段となり、ひいては学校教育の内容を決定する重要な要素となっていったのです。その帰結が何であったかといえば、政治も経済も行政も、そしてある意味では企業での仕事や大学での研究すらも、自分の頭で未来や環境についての問題に取り組むことよりも、組織の中で慣習と化したやり方を無難に踏襲していくことへと傾き、ありとあらゆる社会組織において独創的なアイデアを生み出すことが困難となり、変革へのエネルギーは失われていったのではないでしょうか。

グローバル化と民主主義の危機

一部の産業エリートが世界規模で市場を広げて利潤をほしいままにする一方、一般庶民は他者の幸福や世界全体の平和を省みてそのために独創的な行動を起こすことよりも、自分が属する手の届く範囲の社会の中で無難に自己利益を守るという傾向は、今日世界中に蔓延しているばかりか、ますます深刻なものになっています。

また、自分の頭でクリエイティブに考える訓練を受けることもなく、生来の潜在的能力を引き出されることもなく、ただ学歴競争の中で「負け組」に入れられ、ルサンチマンとして不満と怒りを抱いて反社会的になっていく多数の大衆の問題は、２００８年に日本で起きた秋葉原通り魔事件、そして、ヨーロッパの諸都市でテロリズムに魅せられていく移民第二世代の問題とも決して無関係ではありません。

反社会的で権力者に扇動されやすい大衆の存在は、日本では在留外国人へのヘイトスピーチに象徴されますが、ヨーロッパ諸国でも、各国で移民に対する排他主義につながり、一触即発の紛争のリスクが世界各地に散らばっています。気候変動などのために人類の生息地としての地球環境そのものが存続の危機にあるというのに、社会全体の利益に貢献するための建設的な議論に参加しようとしない大衆ばかりが増加し、世界のあちらこちらで民主主義の危機が生じている有様です。[※34]

民主主義の危機についていえば、オランダも、大きな流れにおいては同様の問題を抱えています。しかし反面、オランダにおいては、１９６０年代末から７０年代にかけて、戦時中のユダヤ人や同性愛者などに対する差別への反省として起きた「人権擁護」と、戦後の急激な経済発展と冷戦構造の中で生じた「環境保全」や「反核」などの運動が、一般の人々を広く巻き込み、草の根の市民たちが「民主主義とは何か」と深く考えた時期がありました。当時、学校の教師や若い親たちのあいだに広がった産業社会のあり方への疑問は、画一一斉型（労働者育成）教育に対するアンチテーゼとして、社会的に恵まれない子どもたちへの機会均等の議論、インクルージョンの考え方、子どもの個別の発達支援などの新しい教育を求めるエネルギーを生んだのです。

もちろん脱産業化社会を目指す同様の運動は、オランダだけではなく、ヨーロッパや北米でも起こっています。西洋の若者と知的エリートが生んだ反体制のサブカルチャーは、今日に至るまで、脱産業化社会の思想、ポストモダンの文化を徐々に社会に浸透させていきました。しかし、オランダでとりわけ特徴的なのは、「教育の自由」が存在していたおかげで、脱産業化社会のあり方についての議論が、学校教育のあるべき姿の議論と連動して、公教育を舞台に、教育行政関係者のみならず、若い教員や親たちのあいだでも全国的に繰り広げられていったことにあります。

１９９０年前後に高度経済成長のバブルがはじけて20余年を経過した今日の日本。政治・経済・社会のさまざまな問題を抱えつつ、明らかに産業化社会から脱産業化社会への移行を余儀

※34　この点については、イギリスの週刊誌『エコノミスト』の特集記事“What's gone wrong with democracy”（*The Economist* 1st March, 2014）が興味深い（http://www.economist.com/news/essays/21596796-democracy-was-most-successful-political-idea-20th-century-why-has-it-run-trouble-and-what-can-be-do）。

なくされているにもかかわらず、学校教育だけは、いまだに産業化社会の象徴ともいえる画一一斉授業を主流にしています。そんな中で、バブル崩壊以後に生まれた若者たちを中心に、「民主主義（デモクラシー）」の本質を問う市民レベルでの議論が力強く広がろうとしています。

民主的な市民社会の出発点は、公教育にこそあります。60年代末以降、オランダで急速に若い教員や親たちに受け入れられていったイエナプランをはじめとする学校教育のあり方には、さらに検討すべき示唆が多く含まれていると思われます。

「自分」と「他者」と「世界」を学ぶ

米国マサチューセッツ工科大学教授でありシステム理論の権威であるピーター・センゲと彼の仲間である教育者たちが著した『学習する学校』[※35]という本があります。本書には、脱産業化時代におけるグローバルな市民社会の創生に向けて、学校のあるべき実践についてのさまざまな試行が描かれ、古い時代の教育を受けてきた読者に問い直しを迫ってきます。２０００年に初版が出され、以来、世界中の教育者に影響を与えている本ですが、オランダでも大変広く読まれ、そのヴィジョンは、イエナプラン教育のコンセプトと多くの点で共通しています。

オランダ・イエナプラン教育協会（ＮＪＰＶ）は、90年代にペーターセンの初期の理念にもとづき、その後のオランダでの議論も踏まえて「イエナプラン教育の20の原則」をまとめ、イエナプラン認定校のヴィジョンとして共有することとしました。原則の1〜5は理想の「人間像」、6〜10は理想の「社会像」、そしてこれらに基づく11〜20ではあるべき「学校の姿」を示しています。[※36] そこでは、個性を認められた自立した人間と、そうした個人が相互に尊厳を認め合う社会が描かれ、そのための練習の場である共同体としての学校が想定されています。

オランダ・イエナプラン教育協会は、それからさらに約10年後の２０００年代なかば、グローバル時代の到来を意識するかのように、学校を、新たな地球市民育成の場として捉え直し、イエナプラン教育のあるべき姿を「イエナプランのコア・クオリティ」としてまとめ、協会に参加しているすべての学校で共有することとしました（表2）。このコア・クオリティを見ると、イエナプラン教育が、子どもたちにどんな知識やスキルを伝達するかではなく、子どもたちが自分自身と他者とをあるがままに受け入れ、世界に対して責任をもってかかわり、学び続ける人間になるように発達を支援するものであることがわかります。

興味深いのは、それから数年後の２０１４年に、米国でも同様のアプローチが示されたことです。それは、『情緒的インテリジェンス（Emotional Intelligence）』という本の著者で「社会情

※35　本書は、初版から10年あまりを経て大幅に改定された２０１２年版を拙訳によって日本版として上梓しているので参照されたい（ピーター・センゲ他〔リヒテルズ直子訳〕『学習する学校』〔英治出版、２０１４年〕）。

※36　「イエナプラン教育の20の原則」の日本語訳は下記のサイトにあるので参照されたい（http://www.japanjenaplan.org/jenaplan/rule/）。

表2　イエナプランのコア・クオリティ

1．子どもの、**自分自身との**関係
・子どもたちは、自分に能力があると感じられるように、クオリティ（得意なこと）や挑戦（不得意なこと）が何であるかを言葉にして表し、向上のために努力することを学ぶ
・子どもたちは、自分が何を学びたいか、何を学ばなければならないか、いつ説明を必要とするのか、どのように計画を立てなければならないかについて、自分で責任をもつことを学ぶ
・子どもたちは、（他者や標準との比較においてではなく）自分自身の発達の進み方に応じて評価される
・子どもたちは、自分の発達について振り返り、それについてほかの人と話し合うことを学ぶ

2．子どもの、**他者との**関係
・子どもたちは、異年齢の子どもたちからなるファミリーグループの中で成長する
・子どもたちは、協働すること、ほかの子どもたちに何かを与えたり、ほかの子どもから何かを受け止めたりすること、またそれについて振り返って考えてみることを学ぶ
・子どもたちは、ファミリーグループや学校の中で、誰もが正当に認められ安心だと感じられるような調和のある共同生活に対して責任をもち、物事の決定にともにかかわることを学ぶ

3．子どもの、**世界との**関係
・子どもたちは、生きたホンモノの状況に対してかかわり、その中で学ぶということを学ぶ
・子どもたちは、周囲の環境を大切にすることを学ぶ
・子どもたちは、世界について知るために、学校が提供する学習内容をワールドオリエンテーションの中で応用する

動学習運動」の提唱者であるダニエル・ゴールマンと、先述のピーター・センゲの共著である『三つのフォーカス—教育への新しいアプローチ』という本の中に示されています。この本の冒頭でゴールマンが要約的にまとめた「三つのフォーカス」とは次のようなものです（筆者訳）。

内的フォーカス——私たち自身に対してフォーカスを与えること。私たちは、なぜ、自分がそのように感じ、そうした感情についてある行動をとるのかを理解しつつ、みずからの目的意識や最も深いところにある願望とつながりながら、私たちの内的世界にフォーカスを与えること。内的フォーカスは目的に満ちた人生を送り、目前の課題に集中して取り組み、余計な雑事に目を閉ざし、障害となる感情をうまくコントロールするための鍵を握る。

それは、第二の種類のフォーカスをも掘り下げていく。そのフォーカスとは、他者に対して調音していくこと、あるいは共感すること、すなわち、誰か別の人のリアリティを理解することができ、自分たちの立場だけからではなく、その人の立場に立ってその人との関係を築いていくことができるということだ。

第三の種類のフォーカスである外的フォーカス、すなわち、より広い世界の理解については、ピーター・センゲがこう説明する。それは、家庭、なんらかの組織、そして大きくは世界において、システム同士が相互に反応し合い、相互依存のウェブを生み出していく様子についての理解である。このような理解に至るには、システム思考が求められる。伝統的な教育が行ってきた、「AがあればBが起きる」というような、〈正解は必ずどこかにある〉式の単純化された思考とは異なる思考である。[※37]

オランダと米国におけるこれら二つの教育ヴィジョンに共通する、教育の目的としての「個の自立」「他者との共存」「世界への理解」という三つの要素は、苫野さんが前章で示されている教育の「個別化・協同化・プロジェクト化」ともよく呼応しています。

ワールドオリエンテーション――みずから問い、考える

苫野さんが前章で触れてくださった「ワールドオリエンテーション」と呼ばれる総合的な学習は、イエナプラン教育のハートと呼ばれ、この教育の核の部分をなしています。コア・クオリティの中でいえば三つ目の「子どもの、世界との関係」、センゲらのヴィジョンでは第三のフォーカス、苫野さんがおっしゃるところでいえば「プロジェクト化」の部分に最も関係が深いと思われます。

それは、自己自身および他者の受容を基礎として、世界規模の人間社会や地球の自然環境に対する自分なりのかかわり方を学ぶための、グローバル時代において最も中核的な学びにほかなりません。実際、自分自身や他者の存在意義は、現実世界の中での位置づけなくしては得ら

れないものであり、学ぶことの意義や意味を見出し、学びの意欲をもつためには、生きた現実世界を理解することが不可欠です。そして、世界を理解するとは、すでに明らかになっている知識だけでは理解し得ない現象や問題に対して問い続け探究し続けること、すなわち学び続ける姿勢をもつことでもあるのです。

オランダでは、このイエナプラン教育のワールドオリエンテーションの考え方は、すでに1981年の初等教育法改正の段階で、カリキュラムの中に「人類と世界へのオリエンテーション」として採用され、すべての小学校の必須科目になっています。ワールドオリエンテーションは、子どもにとって身近な世界にあるホンモノの事象や時事問題に対する子どもたちの問いを起点にして、そこから個人あるいは協働で探究作業を進め、解を見つけ、さらに新たな問いを生み出していくというものです。「問い〜仮説〜実験・調査〜報告〜振り返り〜新たな問い」という一連の流れは、科学研究の方法を学ぶ作業ともいえるのではないかと思います。

ここでは、ワールドオリエンテーションの授業の全体を例示することはできませんが、以下、イエナプラン教育での教員研修の具体的な様子から、このワールドオリエンテーションがもつ意味について考えてみたいと思います。

※37 Goleman, D., Senge, P.: *The triple focus: a new approach to education*. More Than Sound, 2014.

オランダ・イエナプラン教育の教員研修で指導的立場にあるフレーク・フェルトハウズ氏が、現職教員や教員志望の学生たちを対象に好んで実施するこんな観察サークルがあります。

車座に座った20人ほどの大人たちに混じって、自分もその一員になって座っている指導者のフェルトハウズ氏が、足元に無造作に置いていたショッピングバッグから1枚の使い古された瓦をおもむろに取り出すところからこのアクティビティは始まります。

隣席でフェルトハウズ氏から無言で瓦を手渡された研修生は、一瞬当惑するのが普通です。「教師とは生徒に指示を出すもの」という常識が、いきなり崩されてしまうからです。

この研修生が、意外に重量のある瓦を受け取っている様子を見て、フェルトハウズ氏はすかさず「何キロぐらいあると思いますか」と尋ねます。尋ねられた研修生が「3キロぐらい？」と答えて瓦を隣の人に渡すと、フェルトハウズ氏からまた「あなたは何キロぐらいだと思いますか」との問い。こうしてサークルになって座っている研修生らが瓦を順々に手渡していくあいだ、フェルトハウズ氏から何の指示ももらえない参加者たちは、自分で能動的に観察を始めるしかなく、表面にこびりついている汚れに気づいたり、どんなふうに屋根に載っているのかと考え始めたり、瓦に作られた凹凸、掘り込まれた番号、色や素材などにおのずと関心を向けていきます。

フェルトハウズ氏は研修生に対して何か知識を伝えることはしません。その代わり、「いまあなたは手で瓦を払ったけど、どうしてそうしたの？　瓦が汚れていたのかな。なんで汚れていたのだと思いますか」「あなたはいまくぼみに触っているけど、そのくぼみは何のためにあるのだと思いますか」「あなたはこの瓦は屋根の上にどんなふうに載っていると思いますか」「色を気にしているようだけど、どうしてそんな色なのだと思いますか」「素材は何だと思いますか」といった問いをひたすら繰り返すのです。

車座になっている参加者が十数名もいれば、途中から、誰かが探究に夢中になって立ち上がったり、自分の仮説を述べ始めたりすることもあります。画一一斉型の授業では到底考えられない姿が、サークルになって集団で行われるわずか数分の観察から立ち上がってくるのです。

フェルトハウズ氏が繰り返す「どう思いますか」という問いには正解がありません。誰もが「あなたは」どう考えるのか、という仮説を問われるだけで、事前に教師が用意している答えは何かと想像する必要はないのです。その代わり、自分自身の仮説を立てるためには、情報を集めるためによく観察するしかありません。視覚だけではなく、聴覚（瓦をコツコツと叩いてみる）、嗅覚（材料の匂いを嗅ぐ）、触覚（肌触りや重さを感じる）など、あらゆる感覚を駆使しなければならなくなります。たった1枚の瓦を、参加者たちが、ああでもない、こうでもないと言いながら、多角的に観察し始めます。まさに「アクティブ・ラーニング」です。

その本質は、指導者が先頭に立たないこと、指示を出さないこと、禁欲的になることを通して、学習者の思考を可能な限り活性化させることにあります。「アクティブ・ラーニング」は、教師が先頭に立ってアクティブになってしまうと、決して起こりえないものなのです。

これまで主流だった、一人の教師が教壇から語りかけ続ける画一一斉授業では、アクティブ・ラーニングは不可能です。皮肉なことに、生徒たちのアクティブ・ラーニングを殺してしまうのは、教壇に立って生徒たちに向かって一所懸命アクティブに「教えよう」と語り続ける教師そのものなのです。

瓦がサークルの参加者を一巡した後、フェルトハウズ氏は、まず、ここで使った瓦についての情報を提供します。本当の重さは何キロで、どこで作られたものか、凹凸は何のためにあり、屋根に置く時にはどのような向きで置かれるのか、といったことです。

教師は、事前に子どもたちが出すであろう問いを予想し、できる限りの情報を集めておかなくてはならない、といわれます。しかし、場合によっては子どもたちのほうから、教師にも答えられない問いが出てくるかもしれません。その時は「自分にもわからない」と答え、一緒に答えを見つける方法を考えればいいのだ、と氏は言います。わかったふりをしてその場を取り繕うよりも、「わからない」「知らない」とはっきり言う、それが子どもたちの好奇心を刺激するものなのだ、と。

そして、その後、彼がいつも忘れずに付け加えるメッセージは、次のようなものです。

「どうですか、この瓦についての情報を、いま僕はたった3分で告げることができました。でも、その前に、僕たちは、30分、いや40分ほどもかけて、ああでもない、こうでもないとサークルで瓦を一巡させながら話をしていた……。『なんて時間の無駄なんだろう』と思いますか？　『わかりきったことはさっさと教えればいいじゃないか、その時間にほかの勉強をしたほうがましだ』と思いますか」

さて、瓦1枚にこれだけの時間を費やすことは、果たして無駄なことなのでしょうか。それよりも、一つでも多くテストに出そうな問題を解く練習をしたほうがよいのでしょうか。

グローバル化のもと、世界にはさまざまな情報が飛び交っています。そういう時代には、少しでも多くの知識を詰め込んでおかなければ、時代から遅れてしまうのでしょうか。そのことと、真偽の入り混じる情報洪水の中で生きた物事の本質に目を向けるために、みずから問いを発し、自分なりの答えを探す方法を身につけておくこととは、どちらが大切なのでしょうか。

学び続ける人間を育てる

私は、フェルトハウズ氏がこのお気に入りのアクティビティを研修でやるのを見るたびに、自分たちが日本の小学校や中学校で学んできた「理科」教育とはいったいなんだったのだろう、と考えます。

「理科」＝サイエンスを学ぶとは、どういうことなのでしょうか。動植物の分類を覚えたり、反応がどうなるかわかっている実験を型通りに進めたり、地形の成り立ちや火山や地震の仕組みを知ったりすれば、それで終わりなのでしょうか。

本来のサイエンス（科学）とは、すでに明らかになっている知識や、結果のわかっている実験の方法を知ることではなく、自分で身の回りの物事に不思議を覚え、「なぜ」と問いかけ、観察したりデータを集めたりして考えを深め、自分自身の問いについて仮説を立て、他者を説得するに足るなんらかの手続きや方法を考案し、それを通して仮説の真偽を検証することであるはずです。そして、こうして証明された「解」もまたとりあえずの答えであって、誰かがまた別の方法でその答えを覆すまでの当座の真理でしかないことを自覚する、そうした態度を学ぶことも重要なことです。

伝統的な画一一斉授業型の授業では、教師たちは、自分が教えたことを子どもたちが頭に叩き込むように、常に「わかりましたか」を繰り返します。教師の問いかけにたくさんの手があがり、子どもたちが元気よく「はい」と答え、多くの子どもが「正しい答え」を言えたら、教師は自分の授業がうまくできたと満足します。学校そのものがそういう仕組みになってしまっているのです。そして、それが毎日毎時間繰り返されていくうちに、子どもたちは「答え」をたくさん知っているのがよい子・できる子だと思い込まされていきます。

しかし、フェルトハウズ氏はこう言います。「教師が、あたかも自分だけが真理を知っているかのように、わかりきった『答え』を子どもたちに繰り返し唱えさせるだけの授業は、〝学校ごっこ〟をしているにすぎない」と。彼の言う通り、子どもたち一人ひとりが、自分が疑問に思ったことに対して自分で解を求める方法を学ぶ、つまり「学ぶことを学ぶ」力の発達を支援すること、「学び続ける態度」を養うことこそが、真の意味での「教育」なのではないでしょうか。

瓦の観察サークルを初めて経験した日本人の教員や学生たちの中には、その後頭を抱え込んでしまう人が何人もいます。これまでの「習う」という常識を数十分で根底から覆され、その後の混乱を整理できなくなってしまうのです。

彼らの多くは、「サークルの中で、ほかの研修生が見ているところで自分が思うことを言うのはとてもつらかった」という心情を吐露します。教師から学んだ「正解」を頭に詰め込んで、元気よく「答えは○○です!」と言うほうがはるかに楽であることに気づくのです。

「あなたはどう思いますか」という問いには、「間違った答え」はありません。だから、「それは間違いだよ」とも「なんだ、そんなことも知らないのか」とも言われる心配はないはずなのに、「私はこう思う」と発言することは、そういう訓練を受けたことのない人にとってはとても重く、しばしば苦しいことなのです。

ホンモノの世界の中で学ぶ

問題は、「教師から正解を習う」教育によって育ってきた人々が社会に出ていった時に、そここにどんな社会が生まれるかということにあります。

「私はこう思います」と言える人間がこんなに少なくて、果たして社会は健全に保たれるのでしょうか。本当は誰の目にも「黒」にしか見えないものに対して、周りにいる人、とりわけ権威や社会的地位のある人が「白」と言えば、「まあ、白と答えておくのが無難かな」と考える人たちばかりの社会になってしまった時、その社会の先行きがどれほど危険なものであるかは、わざわざここで声を荒らげなくても自明のことでしょう。自分が見たまま、考えたままを言えないそんな文化が、画一一斉授業と教科書中心の日本の公教育の中で醸成されていることに保護者や教育者は気づくべきです。

フェルトハウズ氏は、瓦のサークルをした後、「雨が降っているなら、子どもたちに雨を観察させ、いろいろな問いを立てさせればいい。マッチ箱が一つあれば、それを使ってどれだけたくさんの問いを子どもたちから引き出せるかわからない。クラスの子どもが鼻血を出したら、それを学びにつないでいく方法はいくらでもあるはずだ」と言います。ホンモノの世界といっても、いきなり大きな時事問題を取り上げる必要はないのです。必要なのは、子どもたち（または大人である私たち）にとってあまりに当たり前で、深く考えようとしなくなってしまっている身近な物事に、先入観や偏見をもたずにもう一度目を向けてみる態度です。

教科書中心の学習は、学びを退屈で味気ないものにさせるだけではなく、「問う力」「身近なものに気づき観察する力」「自分の周りの生きた世界に好奇心をもってかかわる力」を徐々に徐々に子どもたちの心から剝ぎ取っていくものです。つまり、子どもたちから、彼らが生きていく世界とのかかわりを、少しずつ少しずつ断ち切っていってしまうのです。

てつがく授業――考える筋トレ

最近、ヨーロッパでもアメリカでもとみに流行している「てつがく授業」。ベルギーでは必修科目になったと聞きます。オランダの小学校でも、最近いろいろな取り組みがみられるようになってきました。

「哲学」と聞けば、ソクラテスやアリストテレス、デカルトやスピノザ、カント、ヘーゲルにショーペンハウエルなど、難しい理論を学ばなければならないのだろう、と思いがちです。実際、オランダでも中等学校の哲学の授業ではそうした哲学者の思想を扱っていますが、現在ヨーロッパで始まっている「てつがく授業」は、子どもたちが、自分の頭で深く考える練習をする時間です。体育が身体のトレーニングであるならば、こちらは、考え思考するための脳の筋トレとでもいえるものです。

また、一人で考えるだけではなく、学校で同世代の仲間がいる集団の中で意見交換をすることによって、見方や立場を変えて考える練習にもなります。先ほどの瓦のサークルと同じで、仲間のいる場でお互いが自分の考えを述べ合うことで、自分自身を外からみる、他者の意見に耳を傾ける、立場が変わるとものの見方が変わらざるをえないことを知る、といった経験を積むのです。それはまさに、自分あっての他者、他者あっての自分ということを意識しながら、自己自身を深く知る練習であるとともに、他者との共生を学ぶ時間であるともいえるでしょう。

オランダの小学校のてつがく授業でよく使われている、あるカード教材を注文してみました。50枚ほどのカードの1枚1枚に、子どもたちの思考を刺激する問いが可愛らしいイラストレーションとともに書かれています。たとえば、

- 人は泥棒でも愛してしまえるのか
- どのドアも開けられない鍵は鍵といえるのか
- 誰か他人の未来を盗むことはできるか
- 絶対に変わらないものって何だろう
- 白鳥は自分が美しいことを知っているか

といったものです。

カードに添付された指導書[※38]には、以下のような解説が記されています。てつがく授業の意義をよく表していますので、以下に引用しておきます。

・考えるための筋肉：哲学の素晴らしさは、あなたの頭以外にはほかに何も必要ではないということです。知識さえも必要ではありません。知識をあまりもっていないということは、それ自体、利点でさえあるのです。なぜなら、何かがどういう仕組みになっているのかを自分自身で考えることができるし、そうすることで、まさしく「考えるための筋肉」を鍛えることができるからです。

・哲学の利点：哲学は、対話の中身を充実させるための一つの特別なやり方だといえます。そして、それは、子どもたちにとてもたくさんの刺激を与えます。子どもたちの語彙は増え、口頭での言語能力が育っていきます。子どもたちは、お互いによく耳を傾け、問いかけ合うようになり、自分が考えていることを言葉で表現することを学び、自分の意見をまとめる力をつけるようになります。さらに、子どもたちは、お互いのことを、こうしたやり方ならではの形で知り、もっと深く理解し合うようになります。そして、何より重要なのは、子どもたちの自己肯定感が高まることです。なぜなら、そこには、間違った解答は存在しないからです。

※38　van der Ham, F.: *Praatprikkels: 50 filosofische vragen voor kinderen*. De Filosofiejuf, 2015.（「おしゃべりの刺激―子どものための50の哲学的問い」）

・大人の指導者への注意：最も大切なルールは「ただ問いかけることだけをし、答えを与えないこと」です。子どもたちは、自分自身で深く考えなければならないのであって、大人が答えを与えると、その途端に子どもは考えることをやめてしまいます。それは無理もないことで、学校でも家でも、子どもたちは、大人が答えを与えるということにすっかり慣れてしまっているのです。そして大人は、好奇心をもった態度で接し、ソクラテス的な態度をとることが大切です。それは、生命（人生）というものがどんな仕組みになっているのかについては、大人も子どもと同じくらいほとんど何も知らないということを自覚することを意味しています。つまり、大人である私たちでも、すべての答えを知ることはできないということを自覚することです。しかも、子どもたちが、大人のあなたを深く考えさせるきっかけになるようなことを言うことすらあるのです。一言で言うならば、子どもたちを本気で真面目に待遇しなさい、ということです。

これを読むと、てつがく授業には、先ほど紹介した瓦のサークルと同じ意図が隠されていることがわかります。それは、教員とはもはや「何でも知っている」「一方的に教える」存在ではない、ということです。教員の役割は、子どもたちが自分の頭で考えるように刺激すること、人の意見に頼らず、自分で思考する力を自分で育てられるように支えることなのです。

邪魔なのは、何年間にもわたる学校教育を通して、大人たちの骨の髄まで染み込んでしまった、「学校とは何かを習いに行くところ」「先生とは何でも知っていて、何でもできる人」という思い込みにほかなりません。この傾向は、日本など、個人主義が弱く、長幼の序を重んじる国ほど強いと思います。それだけに、東洋文化においては、こうした力を子どもたちに身につけさせるよう指導することは、大人にとってことさらに難しいことであるかもしれません。しかし、発想を転換し、ヴィジョンをもつことができれば、可能です。

このようにいえば、過去に人類が積み重ねてきた英知を無駄にするのか、まずは知識やスキルを身につけることが何よりも大事なのではないか、長幼の序もまた社会の秩序を保つ一つの文化ではないか、との反論が生まれることは容易に想像できます。そういう議論はまことに的を射ているし、もっともであるとも思います。しかし、子どもたちにそれだけを押しつけていくと、つまり「自分の頭で考える」時間を与えずにそれだけを強制していくと、独創性や思考力が著しく未発達な状態で大人になってしまうことが問題の核心です。どちらか一方だけでは、教育はいびつなものになってしまうでしょう。

自身が属する文化の伝統を尊重することは大切です。しかしそれだけをあまりに擁護しようとすることは、情報や人が激しく行き交い（異文化交流）、自然界や人間社会が過去に経験したことのないような新たな問題に直面している現在、子どもたちがそうした問題にたくましく取り組むための力を与えないまま、無責任に社会に送り出してしまうことにつながりはしないでしょうか。

現実に、地球の気候変化、環境破壊、世界規模での宗教対立、核の拡散といった問題だけを取り上げてみても、過去の経験や英知だけで解決することは不可能です。解決策は、自分にとって当然としか思えない見方と、それとは異なる方法で思考する他者の意見とを照らし合わせ、重ね合わせることで生まれる、鮮やかでクリエイティブな思考の跳躍の中に潜んでいるのです。

「官教育」から「公教育」へ

それでは、私たち大人は、これからの教育に、どんな軸をもってかかわっていけばいいのでしょうか。

オランダの学校教育に関して本書で紹介してきたことをまとめると、次の三つに要約することができます。

①測定できる力から、測定できない力へ
②答えの丸暗記から、問いかける姿勢へ
③教師・教科書中心の教室から、生きた経験世界での学びへ

学校で教えられる教育内容は、その成果を何で測定しているかによって左右されます。つま

り、学力テストで語彙力や計算力を測定すれば、学校は、その測定の結果として出てくる数値を気にして、そこにだけ力を入れるようになってしまいます。

もちろん、数量化できる学力に意味がないとはいいません。しかし、人間の力の中には、考える、表現する、理解する、人の話に耳を傾ける、五感を使って情報を集める、自分の考えを見直す、独創的な解決法を探す、他者とともに議論し建設的に集団の利益にかかわる、などたくさんのものがあります。それらは、数値で測定することは難しいけれども、子どもたちが身につけるべき力として大変重要なものです。学校は、そうしたものにもっと注力していかなければならないのではないでしょうか。

ですから、①はむしろ、「測定できる力も重要だが、人間の力をもっと幅広いものとして認め、そこに働きかけていく教育のあり方を探すこと」と表現すべきかもしれません。

②や③については、こうした測定できない力を育てているオランダ教育の例を挙げながら、このパートでここまでくわしく述べてきた通りです。

学校で子どもたちに直接かかわっている教員たちが、こうした発想へと転換していくためには、国や地方自治体の教育行政関係者による教員への「管理」を抑制し、教員たち自身が自分の実践に自律的に責任をもてるような体制をつくることが不可欠の条件です。なぜなら、上から管理される教員は、子どもに対しても管理しようとするからです。未来の社会を問題解決思考に基づくクリエイティブなものにし、子どもを自律的な市民へと育てるには、その育成にかかわる学校教員や保護者自身が、自律的な市民として待遇されていなければなりません。

これからの学校を、真の意味での「アクティブ・ラーニング」の場、つまり子どもたちの能動的な学びの場となるようにすべきだとすれば、まず教師や保護者が、言われるがまま、自分が経験してきた学校教育を繰り返すだけの存在にとどまらず、「よりよい教育とは何か」と思考し、実践し、失敗を通してさらによりよいものを生み出していくようなアクターとなるべきなのです。子どもたちをアクティブにさせるためのファシリテーションを自律的に行えるアクターです。

もちろん、それは容易なことではないと思います。しかし、子どもたちに対しても、また教員に対しても、上からの管理をやめ、自律を促す仕組みをつくることができれば、今度こそ、日本の教育は、アクティブに学び続ける市民自身のものとなり、従来の「官教育」ではなく真の意味での「公教育」が実現することでしょう。そしてその時、不登校、いじめ、子どもの自己肯定感の低下、校内暴力、教師の燃え尽き、子どもや大人の自殺などといった問題を生み続けてきた「負のスパイラル」が断ち切られ、より多くの人々がよりよい社会のために積極的に協力し合う「正のスパイラル」が始まるのではないでしょうか。

苦しんでいる子どもたちが求めているのは、どんな子であれ、人間として熱く自分にかかわってくれる教師です。教師が熱くなれるだけの自律的な仕事ができる場を保障することが、公教育制度の真の意味なのです。

6 学びの「プロジェクト化」と哲学授業

苫野一徳

前章の私のパートでは、これからの教育に求められる学びの「個別化・協同化・プロジェクト化」の〝融合〟のうち、とくに「個別化」と「協同化」の融合について論じました。

続いてこのパートでは、リヒテルズさんが紹介されたワールドオリエンテーションに象徴される「プロジェクト型の学び」（PBL：Project-Based Learning）について、そしてまた、その一つとしての――あるいはその〝根本〟というべきかもしれませんが――「てつがく授業」「哲学対話」について論じることにしたいと思います。

「ゴールの決められたプロジェクト」と「真正なプロジェクト」

「プロジェクト型の学び」については、やはりデューイやその高弟キルパトリック（William

Heard Kilpatrick, 1871-1965）以来、すぐれた理論と実践が蓄積されています。[※39]「総合的な学習の時間」も、彼らの理論に多くを負って登場したものです。あらかじめ決められた学習内容を頭に詰め込んでいくのではなく、さまざまなテーマを自分なりの仕方で探究し、自分なりの〝答え〟を見つけていく学び。それが「プロジェクト型の学び」です。

もっとも、この「プロジェクト型の学び」については、次の二種類をある程度区別して考えておく必要があります。一つは「ゴールの決められたプロジェクト」、もう一つは、わたしが「真正なプロジェクト」と呼んでいるものです。

「ゴールの決められたプロジェクト」は、たとえば、空気が伸縮することを学ぶために空気鉄砲を作るといった学習です。子どもたちは、市販のキットを使用したり、自作したりして、空気の性質を学びます。文字通り、学ぶべき内容の「ゴール」が決められた探究型学習です。

しかしわたしがここで「プロジェクト型の学び」と呼んでいるのは、むしろ「真正なプロジェクト」のほうです。

これは、成長に応じたさまざまなテーマについて、みずから、あるいは他者と協同して問いを立て、探究し、それに答えていくことを目的とした学習です。

たとえば、現代世界の最大の問題の一つ、「テロリズム」をテーマとして設定したとしましょう。その際、ある子どもたちは、「現代テロリズムの実情」を知るというプロジェクト課題を設定するかもしれません。彼ら彼女らは、世界各地でどのようなテロが起こっているのか、その背景は何なのか、まず網羅的に調べるでしょう。あるいはまた別の子どもたちは、テロの歴史に特化した問いを立てたり、宗教との関係や経済との関係に特化した問いを立てたりするかもしれません。

このように、自身で立てた問いについて、子どもたちは、インターネットや図書資料を調べたり、専門家にインタビューしたりと、それぞれに学びの方法を工夫しながら探究を深めていく。そして最後は、みんなの前で成果を発表したり、レポートに取りまとめたりするのです。

評価をどうするか？

ここには決められたゴールはありません。もちろん、学びの過程で、さまざまな教科的知識も獲得されますが、そのような決められた知識の獲得それ自体が目的であるわけではありません。重要なのは、設定されたテーマに対して、どのような問いを立て、どのような探究方法で、どのような答えや成果を見出したかです。したがって評価も、決められたゴールに到達したかどうかではなく、プロジェクト課題の立て方と、その課題に対する探究結果を、教師と子どもたちとが相互的・総合的に話し合って行う必要があるでしょう。

※39　ウィリアム・H・キルパトリック（市村尚久訳）『プロジェクト法』（明玄書房、1967年）。

その際、何らかの成果物（プレゼンテーション、論文、創作物など）を、評価観点を明示したルーブリック（評価基準表）を用いて評価していくことも可能でしょう。※40 ただし、その評価観点には必ず教師の恣意性が反映されていますから、この観点もまた、子どもと教師、そして子どもたち同士で、相互調整していく必要があります。

たとえば、プレゼンテーションの良し悪しを評価する観点に、「絵や図を効果的に使用している」といったものがあったとします。しかしある子どもは、絵や図をまったく使わずにプレゼンをした。でもそこには、たとえば自分の強みを最大限に活かそうといった、何らかの意図があったのかもしれません。そしてそのことには、一定の妥当性があるかもしれません。

あるいは、言葉でのプレゼンではなく、音楽や踊りなどで、何らかのプロジェクト探究の成果を表現する子どももいるかもしれません。その場合、絵や図を使ったプレゼンをしなかったという理由で、そのプレゼンテーションを即否定するわけにはいかないでしょう。

要するに、プロジェクト型の学びにおける評価観点やその基準（ABCなど）は、あくまでも暫定的なもので、コミュニケーションを通して絶えず改変されるものだということを、教師も生徒も十分に理解しておく必要があるのです。

プロジェクトをカリキュラムの中核に

イエナプランにおけるワールドオリエンテーションは、「真正なプロジェクト」の最良の例のひとつです。そしてわたしは、今後の学校教育は、このような「真正なプロジェクト」を中核にカリキュラムを編成していく必要があると考えています。リヒテルズさんも述べられているように、子どもたちはこのような学びを通して、「問う」ことそれ自体を学び探究していく経験を、もっと豊かにもつ必要があるのです。

そのためわたしは、今後、カリキュラムの半分程度の時間は、このようなプロジェクト型の学びにしていくことを提言したいと思います。たとえば、イエナプランのブロックアワーのように、午前中はいわゆる基礎的な知識・技能を「個別」および「協同」の学びの融合を通して学び取り、午後は「真正なプロジェクト」の時間にする、といった仕方です。

もっとも、これは学びの「個別化・協同化・プロジェクト化」を〝融合〟する、あくまでも一つの方法にすぎません。状況に応じて、融合の仕方はさまざまにあるでしょう。ほぼすべて

※40　このいわゆる「パフォーマンス評価」についての詳細は、松下佳代『パフォーマンス評価―子どもの思考と表現を評価する』（日本標準ブックレット、2007年）などを参照されたい。

のカリキュラムをプロジェクト型の学びによって行っていくことで知られる「きのくに子どもの村学園」のように、プロジェクト型学習を徹底するのも一案です。[※41] ダルトンのように個別学習を主軸にするのもありでしょう。

また、プロジェクト型の学びの中にも、個別のプロジェクトもあれば協同のプロジェクトもあります。わたしたちは、「個別化・協同化・プロジェクト化」の〝融合〟とはいっても、いまは個別の時間、次はプロジェクトの時間と、明確に区別して考える必要はないでしょう。これら三つは、学校生活においてはごく自然に融合するのです。

学習コンテンツの精選を

以上のように、カリキュラムの中核を「プロジェクト型の学び」におくとするなら、誰もが必ず学び取らなければならないとされる学習コンテンツは、今後より精選していく必要があるでしょう。

そもそも、わたしたちはなぜ、みんながみんな元素記号を覚えなければならないのでしょう？　クリミア戦争の年号を覚えなければならないのでしょう？　芥川龍之介を読まなければならないのでしょう？

これに絶対確実な答えを与えられる人はいません。なぜならこれは、公教育が始まった頃の、いわゆる「学問中心カリキュラム」の名残だからです。つまりわたしたちが学校で学んでいるさまざまな学習コンテンツは、多くの場合、さまざまな学問の観点から、その基礎的知識とされるものを薄めて小中高のカリキュラムへと移転させたものなのです。そしてそれは、すべての子どもたちが「自由」に生きるために不可欠な知識・技能として正当化されてきたというよりは、むしろ、産業主義社会における人材選抜のツールとして利用されてきたのです。

前章で論じたように、現代社会で「自由」に生きるための〝力〟は、決められたことをどれだけ多量に学び蓄積できるかということ以上に、必要に応じて必要なことを「学ぶ力」です。その意味で、学習内容を精選し、プロジェクト型の学びをより充実させていくことは、十分理にかなったことだといっていいでしょう。

実際、知識基盤社会を背景に、いま大学入試が大きく変わろうとしています。向かおうとしているのは、インターネットで検索すればすぐに出てくるような知識だけを問うのではなく、まさに、さまざまなプロジェクトを探究・推進する力を評価しようとするものです。きわめて困難な改革になるのは間違いありませんが、今後確実に、大学入試は大きく変化していきます。誤解のないように付け加えておきますが、わたしは、インターネットで検索すれば出てくる

※41　堀真一郎『きのくに子どもの村の教育―体験学習中心の自由学校の20年』、同『自由学校の設計―きのくに子どもの村の生活と学習（増補）』（いずれも黎明書房、2013／2009年）を参照。

ような知識は覚える必要がない、といっているわけではありません。むしろまったく逆に、そうした知識が重要であるからこそ、それらを、必要に応じて、自分の探究テーマと十分に関連づけて力強く学び取れる力をこそ、教育が育む力の核にするべきだといっているのです。

そのために必要な学びのあり方、それがプロジェクト型の学びです。

もちろん、大量の知識をひたすら獲得することが好きな人も、それが得意な子どもも大勢います。その場合は、そうした学びをおおいに尊重する必要がある。彼ら彼女らは、その関心に合う仕方でプロジェクトを探究すればいいのです。要するに、ここでもまた、学びの「個別化」が重要な基本的方針として貫かれるのです。

哲学とは何か

次に、前のパートでリヒテルズさんが述べられた「てつがく授業」「哲学対話」の意義と方法について、哲学者の立場から論じていきたいと思います。

しかしその前に、そもそも哲学とは何かという話から。

第1章でも述べたように、哲学の本領は、わたしなりに一言でいうと「〝本質〟洞察に基づく〝原理〟の提示」です。物事の、あるいは問題の〝本質〟を見抜き、ではその問題はどうすれば最も根本から解き明かせるのか、その〝原理〟(考え方)を提示する。それが哲学の本領です。

たとえば、第1章では、「どうすれば戦争をなくせるのか？」という問いについての哲学者たちの探究を紹介しました。彼らは、そもそも人間はなぜ戦争をしてしまうのか、その〝本質〟を考え抜きました。

そこで見出された答えが、「自由」への欲望です。動物とは違って、人間は「自由」になりたいという欲望をもっている。だからわたしたちは、1万年以上にわたって、互いの「自由」を主張し合い命を奪い合ってきた。哲学者たちはそのように考えたのです。

こうして問題の〝本質〟がわかれば、ではどうすればこの問題を解き明かせるのか、その根本的な考え方（原理）もまた考えていけるようになります。逆にいうと、こうした物事の〝本質〟が洞察されなければ、いわば下手の考え休むに似たりで、わたしたちはその問題を力強く考え合っていくことができないのです。

そうして哲学者たちの見出した〝原理〟こそ、第1章で詳論した「自由の相互承認」の原理です。誰もが「自由」に生きたいのであれば、その「自由」を素朴に主張して争い合うのではなく、お互いが「自由」な存在であることを、まずはルールとして承認し合う社会をつくるほかにない。彼らはそう考えたのです。

ちなみに、ここでいう〝本質〟や〝原理〟は、「絶対の真理」といった意味の言葉ではまったくありません。それは、お互いの対話を通して、とことん追いつめて考え抜くことで見出されるべき〝共通了解〟可能な「考え方」です。

ですから哲学は、時折誤解されているように、「絶対の真理」を探究するものなどではありません。むしろ哲学は、「絶対の真理」など（わから）ないということを、これまで力強く論証してきたのです。ここではそのことを詳論する余裕はありませんが、真理ではなくできるだけ誰もが深く納得できる〝共通了解〟を見出すことこそが、哲学の使命なのだということは、読者のみなさんにぜひ知っておいていただきたいと思います。[※42]

前にも論じたように、現代は、環境問題、格差問題、資源問題、人口問題、テロリズム問題、エネルギー問題等、絶対の〝正解〟のない問いに、なんとかして世界中の人々の〝共通了解〟を見出していく必要がある時代です。哲学教育の重要性は、今後ますます、世界の教育現場で強く認識されていくことでしょう。

本質観取

そこで以下、〝共通了解〟を力強く見出すための、哲学的思考のエッセンスを簡潔に述べることにしたいと思います。そしてそのうえで、それをどのように教育に取り入れられるか、論じていきます。

哲学は、まず何をおいても物事の〝本質〟を洞察するものです。ですから、哲学的な問いの基本は、「〜とは（そもそも）何か」です。「よい社会とは何か」「よい教育とは何か」「恋とは何か」「愛とは何か」「美とは何か」「人間とは何か」「幸せとは何か」「生きる意味とは何か」等々。あるいは、「そもそもなぜ勉強しなければならないのか」とか、「なぜ学校に行かなければならないのか」とかいった問いも、〝そもそも〟を考えるという意味でとても哲学的な問いです。

こうした〝そもそも〟の本質を問い洞察していく営みを、哲学では「本質観取」（本質洞察）と呼びます。※43

歴史上の偉大な哲学者たちの思想には、すぐれた「本質観取」が必ずあります。その意味で、本質観取にはある種の特殊な才能が必要ともいえなくはありません。※44 しかし経験すればすぐにわかりますが、物事の本質について何人かであれこれ対話を重ねれば、実は誰もがかなりいい

※42　この点については、拙著『勉強するのは何のため？──僕らの「答え」のつくり方』（日本評論社、2013年）などを参照されたい。

※43　このような哲学的「本質観取」の営みは、「科学」や「学問」の土台を支えるという意味でもきわめて重要なものだ。たとえば、どれだけ教育学が「効果的な教育方法」を研究したとしても、「そもそもよい教育とは何か？」という問いをなおざりにしてしまっては、その研究にはほとんど意味がない。「社会を豊かにする科学技術」を考える時も、「そもそも豊かな社会とは何か？」という問いに、一定の共通了解を見出しておく必要がある。「幸せ」の本質がわからなければ、人が幸せを感じている時にどんな脳内物質が分泌されているかを知りたいと思っても、調べようがない。こうした意味において、哲学は学問の土台というべきものなのだ。

センまでたどり着くことができるものなのです。そして、これも経験すればわかりますが、その能力に、大人と子どもとのあいだでそう大きな差があるわけではありません。
一九七〇年代までは、教育心理学者ジャン・ピアジェ（Jean Piaget, 1896-1980）の影響のもと、子どもは抽象的な概念を理解することも操作することもできないと考えられていました。しかし現在では、発達心理学の領域においても、この説は激しく批判されています。今日、多くの研究者は、子どもはむしろ哲学に向いているし、哲学的な問いを好むものだと考えています。[※45]
もっとも、子どもと大人とでは経験に圧倒的な違いがありますから、子どもには苦手な哲学的テーマもたくさんあります。たとえば、「恋とは何か？」というテーマについては、恋の経験をしたことがなければ答えようがありません。しかし、わたしたちの誰もが十分に経験のあるテーマであれば、「本質観取」の能力は、わたしの経験からいっても、大人と子どもとのあいだに決定的な差はそれほどありません。むしろ、本質洞察の経験を積めば積むほど、子どもの哲学的能力は大人のそれに勝るようになるともいえるかもしれません。[※46]
とくに中学生と哲学対話を行うと、わたしは、これくらいの年代の子どもたちこそが、人生で最も〝哲学者〟になる時期だとよく思わされます。これまで多くの中学生たちと哲学的な対話を重ねてきましたが、いったんスイッチが入れば、何時間でも議論を重ねたがる子どもたちが大勢います。こうした子どもたちを見るにつけ、わたしは、学校教育において、こうした〝実存〟をかけた議論ができる機会を、もっと用意していきたいという思いを強くします。

本質観取の方法

本質観取のポイントは、その概念の辞書的な〝定義〟づけをするのではなく、その概念を、わたしたちがどのような〝意味〟をもったものとして〝体験〟しているかを考え合う点にあります。

試しに、「恋」の本質観取を以下で少しだけやってみましょう。

恋は、脳内物質ドーパミンやフェニルエチルアミン、エンドルフィンなどが分泌されることによる快楽感情である、といった〝定義〟は、科学的な〝説明〟ではあっても恋の〝意味本質〟ではありません。科学的な説明は、恋がわたしたちにとってどんな意味をもった体験であ

※44　たとえば、プラトンの「恋」についての本質洞察、ルソーの「よい社会」や「幸福」についての本質洞察、ヘーゲルの「自由」についての本質洞察、ハイデガーの「人間存在」についての本質洞察、バタイユの「エロティシズム」についての本質洞察など、哲学者たちの思想にはうならずにはいられない本質洞察がある。

※45　河野哲也『「こども哲学」で対話力と思考力を育てる』（河出ブックス、２０１４年）を参照されたい。

※46　ただし、本質洞察ができることと、それを文章にして十分表現することができることとは、やや別もののようにわたしには思われる。早熟の天才だった歴史上の哲学者たちも、その最高傑作は、ある程度老成してからのものである場合がほとんどだ。

るかを教えてはくれません。意味や価値の本質を明らかにするのは、まさに哲学の本領なのです。

5人から8人くらいで、それぞれキーワードを出し合っていくのがおすすめです。たとえば、ある人は恋の本質として「憧れ」という言葉を出すかもしれません。またある人は、「幻想」というキーワードを挙げるかもしれません。「取り替えがたさ」「圧倒的な生きる意味」「激しい嫉妬」……等々、こうやってそれぞれがそれぞれのキーワードをいわばテーブルの上に置き合っていくと、「なるほど、それはいえてる」とか、「うーん、それはちょっと本質的とはいえないんじゃないか」とかいったことが見えてきて、不思議とテーブルの上に、恋の本質が言葉となって築き上げられ洗練されていくようになります。

わたし自身が実際にそうやって見出した恋の本質をいってみると、まずそれは、ひと言でいうなら「自己ロマンの投影とそれへの陶酔」です。恋とは、わたしたちが無意識のうちに自分の中にため込んできたロマン（憧れ・理想）を、現実の世界に見出してしまった喜びなのです。ですからそれは、ある意味ではたしかに幻想です。なぜなら、恋においてわたしたちは、相手のあるがままの姿——哲学的にはそのようなものはそもそも存在しませんが——をみているのではなくて、自分のロマンによって彩られた相手に強く惹かれているからです。

もしこのようなキーワードが深い共通了解を得られたなら、わたしたちはここから、さらに深く本質観取を展開していくことができます。たとえば、恋はたしかに幻想だけれども、なぜそれはこれほどにも〝この世ならぬ〟喜びを与えてくれるのかと考え合うことができます。現世的な喜びと恋の喜びには、ある本質的な違いがあります。それはいったい、何なのか。

あるいは、なぜわたしたちは「自己ロマン」などというものをためるのか、考え合っていくこともできます。ロマンがたまっていなければ、恋に落ちることは難しいのかを、考え合うこともできます。この方向性で探究を続けていけば、恋に落ちやすい人と落ちにくい人の違いの本質を見出すことも可能です。

ここではこれ以上恋の本質観取を続けることは差し控えますが、このように、物事や概念の意味の本質を、お互いに言葉を交わし合うことで見出し合っていくこと、それこそが哲学の本義なのです。

よく、哲学は「答え」のない問いを考え続けるものであるといわれます。答えがない問題を、考え合い続けることにこそ意味があるともいわれます。

しかし、ただそのようにいってしまうだけだと、わたしたちは「思考すること」「考え合うこと」それ自体への信頼を失ってしまうことになりかねません。哲学的な対話など、結局は、ただぐるぐると思考を空転させ続けるにすぎないものではないのか、と。

しかしわたしの考えでは、哲学は、たしかに絶対の答えのない問いに挑むものではありますが、それをただ「考え続けることにこそ意味がある」などと主張するものでは決してありません。少なくとも、すぐれた哲学者たちは、これまでさまざまな難問に必ず共通了解可能な〝答え〟を提示してきました。そして、そのまた次の時代の哲学者たちが、前の時代の哲学者たちの〝答え〟を批判的に継承し、力強く発展させてきたのです。第1章で論じた「自由の相互承認」の原理も、1万年におよぶ戦争の歴史や、キリスト教とイスラームとの戦争、カトリックとプロテスタントとの戦争などを通して、ホッブズ、ロック、ルソー、ヘーゲルといった哲学者たちが、その強靭な思考のリレーを通してついに見出した本質的な考えなのです。

価値観・感受性の交換

そこで本パートの最後に、哲学対話の具体的な方法を三つ提言したいと思います。

一つ目は、「価値観・感受性の交換」。これは、ある意味では本質観取の前段階といってよいものです。

具体的には、小説、童話、映画、音楽などの、いわば「批評」のことと考えてもらえればいいでしょう。もっとも、批評とはいっても、それは作品の構成などを客観的に分析したり、ただ批判したりするのとはまったく違います。その作品の、何が自分の心を打ったのか、あるいは何が響かなかったのかについて対話する、文字通りお互いの価値観や感受性を交換し合う批評です。

この対話を通して、わたしたちは、人それぞれ価値観や感受性が大きく異なっていることに気がつきます。哲学対話では、まずはそのことをしっかり尊重し合うことを学びます。自分の考えや感じ方が誰にでも当てはまるわけではない。そのことを自覚するのは、「自由の相互承認」の観点からいってもきわめて重要なことです。

しかし、この「価値観・感受性の交換」は、ただ「人それぞれ」を確認し合って終わるものではありません。この対話の最も重要なポイント、それは、わたしたちが、「この作品はたしかにここがすぐれている」という〝共通了解〟に行き当たることがあるということにこそあるのです。それはまさに、その作品の〝よさ〟の「本質」を見出し合うことにほかなりません。

もちろん、人それぞれ心に響くものは違います。しかし、これはぜひ読者のみなさんに経験していただきたいと思うのですが、とくにそれが本当にすぐれた作品である場合は、お互いにその作品について言葉を交わし合っているうちに、その〝よさ〟の本質が浮かび上がってくることがあるのです。好き嫌いはあったとしても、たしかにこの点については作品の力を評価しないわけにはいかないと納得し合えるような、その本質にたどり着くことがあるのです。

「正解主義」への反動か、日本の学校における作品鑑賞の時間は、「人それぞれ」があまりに強調されすぎるきらいがあるように思います。たしかに、「人それぞれ」を尊重し合うことはきわめて重要なことです。しかしそのうえでなお、それが本当にすぐれた作品であるならば、その作品の〝よさ〟についてのある一定の共通了解に達することができるのだということを、子どもたちにはぜひ経験してほしいものだとわたしは思います。「考え合うこと」「言葉を交わし合うこと」の希望は、そうした経験を通して見出されていくはずなのです。そしてそれは、とりもなおさず、絶対の正解のない問いを前にしたわたしたちが、それでもなお、ニヒリズムに陥ることなく、〝共通了解〟を見出し合おうとする希望をもつことへとつながっていくはずなのです。

哲学対話の二つ目の方法は、先に述べた「本質観取」です。これについてはすでに述べたので繰り返しませんが、ひと言付言しておくならば、本質観取にふさわしいテーマは、幸福、懐かしさ、友情、不安、希望、教育、芸術といった、意味や価値に関する概念です。机や文房具の本質観取などは、できないわけではありませんが、やってもあまり意味はないでしょう。本質観取において重要なことは、わたしたちはそれぞれに異なった価値観や感受性をもっていながらも、それでもなお、さまざまな価値について、ある一定の共通了解を見出し合えるという点にこそあるのです。

共通了解志向型対話

哲学対話の三つ目の方法は、「共通了解志向型対話」です。「共通了解志向型ディベート」と

か、「超ディベート」とかいった呼び方もしています。[※47]

端的にいえば、これは対立を共通了解へともたらすための対話・議論です。

いわゆる（競技）ディベートは、あるテーマについて肯定派と否定派に分かれ、どちらが論理的に説得力があったかの決着をつけるものですが、哲学的にいえば、これはあまり建設的な議論とはいえません。

むしろ、あちらとこちら、どちらも納得できるよりよい考え方はないかと考え合う議論こそが、哲学的な対話というべきものです。テーゼ（正命題）とアンチテーゼ（反命題）をつき合わせ、これをジンテーゼ（総合命題）へとアウフヘーベン（止揚）していくいわゆる「弁証法」は、哲学の初歩的な思考法です。一口にディベートといっても、さまざまな考えやスタイルがあるためわたしは一概に批判しようとは思いませんが、建設的な議論を行うという関心からすれば、この弁証法的な観点を見落としてはならないでしょう。

そのような共通了解を見出し合おうとする対話・議論を行うにあたって、最も重要となる考え方が、第1章で述べた「欲望・関心相関性」の原理です。つまり、わたしたちの知覚や価値観などの認識は、いつでも必ずわたしたちの欲望・関心の色を帯びているのです。

第1章でも論じたように、このことを十分に理解すれば、わたしたちは対立的議論を共通了

※47　拙著『教育の力』第8章（講談社現代新書、2014年）を参照されたい。

解へともたらす可能性を開くことができるようになります。※48

たとえば、「いじめをした生徒は厳罰に処するべきだ」とする考えと、「いじめをした生徒には反省とやり直しの機会を与えるべきだ」とする考えが対立したとします。

双方は、なぜそのような対立する考えをもつようになったのでしょう？

前者は、自覚できるかどうかは別として、たとえばかつていじめにあったことがあり、それゆえいじめをする生徒たちに復讐したいという「欲望・関心」があるのかもしれません。この「欲望・関心」から、「いじめ厳罰処分」という考えが形成されたのかもしれません。

一方後者は、もしかしたら、かつて自身がいじめをしていて、しかしある教師との出会いが、その自分を更生させるきっかけを与えてくれたという経験があるのかもしれません。そしてそれゆえに、いじめをしている生徒たちに、そうしたやり直しのきっかけを与えたいという「欲望・関心」があるのかもしれません。

わたしたちの考え、信念、思想は、このように、つきつめればわたしたちの何らかの欲望・関心から編み上げられたものなのです。

それゆえ議論において目を向けるべきは、まずはこれら「欲望・関心」の次元です。なぜならわたしたちは、両者のこの「欲望・関心」についてであれば、お互いにある程度は理解・納得し合えるはずだからです。少なくとも、その可能性は高まるはずなのです。

これが「共通了解志向型対話」の第一ステップです。

「厳罰にするべきだ！」「いや更生の機会を与えるべきだ！」とただ主張し合うだけでは、お互いになかなか納得し合うことができないものです。しかしこれらの考えの奥底にある、互いの「欲望・関心」の次元にまでさかのぼれば、了解し合える可能性はぐっと高まるはずです。「復讐」の欲望・関心も、「やり直しの機会を与える」欲望・関心も、完全に共感することはなかったとしても、「なるほど、そういうことだったんだね」と、お互いにある程度は理解できる「欲望・関心」であるはずだから。

さて、しかしだからといって、互いの欲望・関心を、どちらも全面的に承認するというわけにはいきません。「復讐」の欲望・関心も、「やり直し」の欲望・関心も、お互いにある程度理解はできたとしても、完全に認めてしまうわけにはいかないでしょう。

そこで、互いに共有できる「共通関心」を見出す必要があります。これが第二のステップです。

たとえば、復讐のためではなく、厳罰処分に値するいじめは何かと考えよう、とか、いついかなる時もやり直しの機会を与えるというよりは、そのほうが望ましい時はどういう時かと考えよう、といったふうにして、互いに納得できる考え方を、「共通関心」として見出し合うの

※48　以下、拙稿「建設的な議論のやり方とは？――『共通了解』を見出そう」（井藤元編『ワークで学ぶ教育学』230―241頁、ナカニシヤ出版、2015年）を参照。

です。

そしてそのうえで、この「共通関心」を満たせるような、互いに納得し合える建設的な第三のアイデアを考え合っていく。これが第三のステップです。再びいじめの例でいえば、どのような状況であれば、厳罰処分を視野に入れる必要があるか、そしてまた、どのような状況であれば、反省・やり直しの機会を与えることのほうが適当か、といったアイデアを、状況に応じて具体的に考え合っていくのです。さらにまた、いじめを受けた生徒に対するケアのあり方や、いじめをしている生徒も、その底には何らかの苦悩や傷を抱えている場合が多いものですから、そのケアへと視野を広げていくことも重要でしょう。

いずれにせよ、以上のような三つのステップを通して、わたしたちは、「いじめをした生徒は厳罰に処するべきか、否か」といった、わたしの言葉でいう「問い方のマジック」にひっかかることなく、より建設的で柔軟な、第三のアイデアを見出し合っていくことができるようになるはずです。少なくとも、その思考の道筋をつけることはできるようになるでしょう。

以上をまとめると、共通了解志向型対話は、基本的には次のような手順を通して行われることになるでしょう。

①対立する意見の底にある、それぞれの「欲望・関心」を自覚的にさかのぼり明らかにする
②互いに納得できる「共通関心」を見出す

③この「共通関心」を満たしうる、建設的な第三のアイデアを考え合う

ただし、思考の方法化・マニュアル化は、それがどれだけ原理的かつ建設的であろうとも、思考を杓子定規にしてしまう危険性を常にはらんでいるものです。だからわたし自身は、この共通了解志向型対話（超ディベート）を、あまり形式化したくはないと考えています。しかし右に挙げた三つの思考のステップは、共通了解を見出し合う建設的な議論のために、今後意識的に教育実践の中に取り入れていけるだろうし、またその必要があるのではないかと考えています。

日常的な学びにおける哲学対話

以上、「価値観・感受性の交換」「本質観取」「共通了解志向型対話」という、三つの方法について論じてきました。

しかし実をいうと、わたし自身は、「てつがく授業」や「哲学対話」と呼ばれる時間を、学校で特別に設ける必要があるとは必ずしも考えていません。そのような時間があればあったで好ましいとは思いますが、哲学的思考や哲学的対話というのは、得手不得手や好き嫌いが、人によってかなりはっきりしているものだからです。「哲学対話」が有意義だからといって、ま

たぞろ全員にその時間を強制してしまっては、かえって哲学嫌いを増やしてしまう気もします。

ですから、哲学対話は、関心のある子どもたち、あるいは関心が芽生えてきた生徒たちのための、選択的な「プロジェクト」として用意するくらいがちょうどよいのではないかとわたしは思います。そしてさらに重要なのは、哲学的対話——というよりむしろその発想——を、日々の「協同的な学び」や「プロジェクト型の学び」の中核におくことです。〝共通了解〟を見出し合おうとする対話を、ことさらに哲学対話とは呼ばなくとも、日々の学習活動の底に敷くことです。

あらたまった「哲学対話」「てつがく授業」の具体的な実践方法について、わたしは今後も考えを深め提案していきたいとは思っていますが、より重要なのは、むしろこの哲学的な発想を、日々の学びの土台にしていくことではないかと考えています。

第4章

明日の公教育に向けて

近未来の学校のヴィジョン――学びのコーディネーターとして

リヒテルズ　日本でオランダの「教育の自由」について話をすると、どうしても学校選択制のほうに話がいってしまい、結局「日本じゃあ無理だ」という結論になりがちなんですね。でも、オランダの「教育の自由」で本質的なのは、学校選択制よりも、個々の教師たちを信頼し、現場の教育者にどうしても必要な自由裁量権を彼らに与えているところだと思うんです。それが、結果として学校選択制になることもあるでしょうし、教室の中での子どもたちへの個別の対応になることもある……公教育が「すべての子どもの発達の保障」のためにあるとするならば、その本質は、ここになければならないと私は思っているわけです。

苫野　教師の裁量権の拡大は、本当に重要なポイントですね。ずっと課題だ課題だと言われながら、現実にはなかなか十分には進まないですね。制度的な問題であると同時に、〝慣習〟の問題でもあると考えています。

リヒテルズ　教科書中心主義にしても、学校運営に対する行政管理にしても、日本には、現場の教師があらゆる面で手足を縛られた状況で教育活動に携わらなければならないという現実があります。こうした、制度的にかなり硬直して柔軟性を失った日本の教育のあり方は、欧米の公教育の現状からみてきわめて旧式のもので、それが今後のグローバル社会をたくましく生きる地球市民に必要な創造性や思考力の発達を阻害しているという認識は、国内の教育行政関係者のあいだでも徐々に共有され始めているのではないかと感じています。

苫野さんは日本におられながら、海外の事情もいろいろ見聞きされて、同時に教育政策関係者とお話しになったり、個別の学校訪問をされたりしているので、日本の教育の現在の動きをよくご存じだと思いますが……。

苫野　いえ、リヒテルズさんのほうがよくご存じだと思います（笑）。

リヒテルズ　そうですか？（笑）対談の初めでもありますし、少しスケールの大きな話かもしれませんが、長い歴史を通してみた時、いまの日本の教育状況はどういう時期にあるのか。それと、これは私の領分ですが、世界の流れの中で、欧米先進国や日本の学校がいまどこに向かおうとしているのか、どこに向かうべきなのか、ご意見を簡単にうかがえますか。

苫野　原理的なことは本文に書いたので、もっと先のヴィジョンをお話ししてみます。15〜20年後、遅くとも30年後には、学校はいまとはまったく違うあり方になっているだろうと私は思っています。これからは、教育を学校が独占することはどんどん難しくなっていきます。いまでもある程度そうですが、どこからでも教育の機会にアクセスできるようになる。だから行政の役割は、むしろそうしたネットワーク化された教育にすべての人ができるだけ平等にアクセスできるような条件整備をすることに変わっていくんじゃないかと思います。

学校に子どもを取り込んで、「はい、今日はこの授業をやります」ということではなくなる。より個別化が進み、もしかしたら学校に通う必要もなくなるかもしれません。ただし、学校という場所は必要だと思います。それは協働する場であり、一緒にプロジェクトをする場です。学校という場の本質は、そこにフォーカスされていくだろう、というイメージをもっています。

リヒテルズ　私もまったく同感です。

15年以上前、オランダの学校にデジタル教材が一気に導入されました。それまでは、一人の先生が何十人もの子ども相手に教科指導をやりながら、個別の子どもの進度に合わせるのに苦労していたわけですが、デジタル教材を使えばこの問題は比較的簡単に解決されます。こうした経験を通して、オランダの先生たちはいま、学校はいったい何のためにあるのかということをあらためて考えさせられているようです。

そのことを踏まえると、苫野さんがおっしゃったように、私もゆくゆくは、子どもたちの学びの場は学校という限られた場所を超えて、空間的に広がっていくのではないかと思っています。自宅もそうだし、図書館や博物館といった公共施設などに子ども同士で一緒に行く、年齢が違ってもかまわない、そうなっていくイメージです。

でも、そうだとすると、学校はもう要らなくなるのでしょうか。学校とは教科的なことだけを学ぶ場所に過ぎなかったのか、それともほかにもっと重要な役割をもっているのか、ということが問われてきます。

日本ではこれまで、学校の役割があまりに狭く捉えられていたのではないかと思います。オランダでは、シチズンシップ教育や協働性の育成、学校をベースとし保護者を巻き込んだ共同体づくり、それを基盤とした社会変革、そうしたものを学校が担うのだという意識がかなり深く浸透しています。私は日本でも、ぜひそういう学校の存在意義に関する議論をやってみたいのですが、日本の教員たちはどうも行政管理に抑え込まれていて、教科教育を確実に進めることだけを至上命令のように感じざるをえない状況ができてしまっている。教員の中には、それではまずいのではと直感的に感じている人は多いと思うのですが。こうした事態は、教員を巻き込んで国家規模の抜本的な教育改革を進めようという動きがさかんなヨーロッパの動向などからは大きく外れてしまっています。

苫野　そうした状況を考え直す一つのきっかけとして、「オンライン教育」という黒船は、あくまでも一例ではありますが、インパクトが大きかったんじゃないでしょうか。

本文（第2章4）にも書きましたが、カーンアカデミーやiTunes U、NHK for Schoolなど、優良な学習コンテンツやサービスがいまではたくさんあります。そんな時代において、教師は、「決められたことを決められた通りに」教えたり学ばせたりする以上に、子どもたちの学びをどうサポートしコーディネイトしていくか、という方向にますますシフトしていかなければならないだろうと思います。そしてまた、いまリヒテルズさんがおっしゃったように、私の言葉でいえば「自由の相互承認」の土台としての学校づくりに、もっともっと意識を向かわせていく必要があるでしょう。

すべての子どもを支える

リヒテルズ　オンライン教育に関して少し懸念されるのは、経済格差が教育格差を招く危険性がいっそう高くなってしまうのではないかということです。たとえば、外国の大学の授業をオンラインで見てどんどん勉強することができる子どもがいる一方で、家庭の経済状況などのためにそれが難しい子どももいます。オンライン教材が学校外で商品として出回るようになると、親の経済力や英語能力などの家庭環境が子どもの発達の機会に影響を与える可能性がこれまで以上に大きくなっていきます。

ですから、オランダが難民の子どもたちのために取り組んでいるように、国が、オンライン教材へのアクセスも含めて、公教育の中に最新・最善の優れた学習環境を取り入れ、どんな背景をもつ子どもであっても潜在的な能力を引き出せるようにしなければならないはずなのです。たとえば、本来はとても本が好きな子どもが家に本がないためにそのことに気づかないといったことが起きないよう、学校が優れた環境を整えて、子どもたちの発達への平等な機会を保障することが大切です。

苫野　おっしゃる通りですね。学校だけじゃなく、行政、図書館などの公共施設が連携して、子どもたちを必ず全員支えるための仕組みが必要です。私はそれを、教育行政による「学びのネットワークの再ネットワーク化」と呼んでいます。これまでは、学校が教育機会を独占することで「一般福祉」を達成しようとしてきましたが、これからは、自己組織化するさまざまなネットワークを、「一般福祉」にかなうよう「再ネットワーク化」することが必要です。

リヒテルズ　スコットランドでは、そういう発想の施策がすでに実行されています。2010～11年度から開始されたCurriculum for Excellenceというものです。これは2002年頃からの議論を経てつくられたもので、教員はもちろん、図書館の職員や地域の児童関係機関の職員など、子どもの成長にかかわるすべての大人が共有ベースとする指針なんです。3歳から18歳までの子どもの発達をコンピテンシーリスト（第2章4参照）のような形で継続的な流れとして示しているのですが、これまで学校教育の基本であった「学科」という枠を取り払って、社会情動性の発達や身体上の発達など、全人的な発達を非常に細かくカテゴリー別に指標化しています。さっき苫野さんがおっしゃったような、大人たちみんながかかわれるための一つの枠組みになっています。

苫野　コンピテンスを細かく定めていった時に、弊害はないのでしょうか？　たとえば、求められる能力が平準化されてしまうというような。

リヒテルズ　というより、たとえば3～6歳くらいの子どもだとこのくらいのことができる、といったゆるい目安や発達の流れを示すことで、この子どもは分野Aでは標準だけど分野Bでは少し遅れ気味のようだ、といったことを可視化するために使われています。個々の子どもの発達には分野ごとにばらつきがあるということが前提で、年齢に結びつけられた平均値主義・標準主義に陥ったものではありません。

苫野　なるほど。あくまでも成長の流れをみていくためのツールとして利用されているのですね。

リヒテルズ　そうです。Curriculum for Excellenceでは、子どもたちがやがて①成功裡の学習者（successful learners）、②自信をもった個人（confident individuals）、③責任ある市民（responsible citizens）、④効果的な貢献者（effective contributors）となることを目標にしています。そして、それぞれのコンピテンスが、従来の学科枠とは少し異なる「表現」「言語」「宗教と道徳」「社会科」「健康とウェルビーング」「数学」「科学」「テクノロジー」の8分野と関連づけられており、教師たちはいま取り組んでいることが先ほどの四つの目標とどうかかわっているのかがわかるようになってます。

Curriculum for Excellenceは、子どもたちの発達を支える物理的かつ人的な環境づくりに関心を広げたことでも周辺諸国にインパクトを与えました。[※49] デンマークで最近始まった改革にも影響があったようですし、フィンランドでも、学科枠に縛られた教育から脱して、総合教育を中心とした学校教育へ転換するという動きがあります。[※50] 有名なOECDの学力テストPISAで連続して世界一になったあのフィンランドが、そういうことを言い出しているんです。

苫野　「あの」フィンランド、ですか。日本ではむしろ、フィンランドは学力が高いだけでなく、先進的な教育を行っているというイメージですよね。

リヒテルズ　フィンランドはPISAでは好成績を収めていますが、WHOやユニセフの調査では、子どもが学校をあまり好きではないとか、生活に対する満足度が低いといった負の側面があることもわかっています。フィンランドの国内では、そのあたりのことが結構問題とされてきたのではないでしょうか。まあ、どの国でも、教育者や教育政策関係者は自国のマイナス面に焦点を当て、そこを改善しようと努力するものですからね。

苫野　PISA型学力が高いからといって、総合学習のような先進的な教育がさかんに行われているというわけでは必ずしもないんですね。

※49　Education Scotland Foghlam Alba（http://www.educationscotland.gov.uk/learningandteaching/thecurriculum/index.asp）参照。

※50　フィンランドのこの動きは、イギリスの『インディペンデント』紙で紹介されている（Finland schools: subjects scrapped and replaced with 'topics' as country reforms its education system. *INDEPENDENT* 21 March, 2015）（www.independent.co.uk/news/world/europe/finland-schools-subjects-are-out-and-topics-are-in-as-country-reforms-its-education-system-10123911.html）。

そういえば、ところがフィンランドは、最近ＰＩＳＡの順位が大きく下がったと話題になりました。逆に、日本は大きく順位を上げています。一時は「脱ゆとり」が功を奏したなんて言われましたが……。

リヒテルズ　そのあたりは微妙で、総合学習と学力の関係についてはいろいろな議論がありますね。総合学習をやると教科学習の時間が取られて学力が下がるという主張が日本ではずっと優勢でしたが、最近では、総合学習こそ本物の学力の発達につながっているというエビデンスを出そうという動きもありますすね。

苫野　ＰＩＳＡの順位上昇は「脱ゆとり」の成果だと言う人もいれば、逆に、順位上昇はむしろ「ゆとり」の目玉であった総合学習のおかげだと考える人もいます。「自ら考える力」がついたからなのだ、と。こういうのは、要因が複合的だから、それぞれが立つ位置によってデータを見たいように見るというところがあるように思います。

学ぶことと教えること

リヒテルズ　教育だけには限らない話ですが、統計的なエビデンスには操作の余地があって、「エビデンス」をうまく使うことで自分の主張に裏づけがあるように見せかけることもできてしまいます。だから、教育が未来社会に向けてどうあるべきかといったことは、苫野さんが過去の哲学者たちの英知を紐解いて論理的に説得しようとされたように、常に時代背景と照らしながら、論拠をもって議論を重ねていく必要があると思います。苫野さんも私も、長い目でみれば、どう考えても、総合的な学習が本来目指していたはずの、探究型の学習のほうが大事だという立場ですね。

苫野　そうですね。カリキュラムの中核はそこにすべきだと思います。このことについては本文（第3章6）で詳論しました。

ただ、ここではあえて言いたいと思うんですが、その一方で、「教える－教わる」という関係性も、やっぱり重要だとは思うんです。僕たちの人生には、「この人にこそ教わりたい」ということだってあるわけです。

リヒテルズ　もちろんそうですね。イエナプランでも教師による「インストラクション」（何かの知識やスキルを教え伝える）の時間はあって、子どもたちは、自分がそのインストラクションを必要としているかを自分で判断して、参加の有無を主体的に決めることができるようにしています。

デューイは「経験」の大切さを強調していますが、「経験」の中には、何かに卓越した人のところに行って話を聞いてくるといったことも含まれているはずです。教室での授業だと、先生は表面的な知識しかもっていないわけですよね。そうした中だけで学ぶんじゃなくて、教師は子どもたちに、卓越した知識や経験をもっている人（専門家）やホンモノの事物のある場所に接近させることが不可欠です。

苫野　重要なポイントですね。「教えてくれる人」「教えてもらいたい人」が、学校の先生ということはもちろんある。でもほかにも、クラスメイトだったり、学校の外の大人や専門家だったり、「教えを乞う相手」はいろいろあっていいし、むしろ学校は、そうした多様な力をネットワーク化できる機関であってほしいですね。

リヒテルズ　私が講演などでよく出す話ですが、同じ色の人間同士、たとえば赤色の人間と赤色の人間が協働しても、結果は赤にしかならないわけです。でも、赤と黄と緑と青の人間が組み合わさると、虹色の結果が出る。そういう経験をどれだけ子どもにさせるかが大切です。

いままでの学校のやり方だと、いつもみんなが一緒に同じことを学んでいなくてはならないという強迫観念のようなものがありますね。しかし、本当にみんながみんな、同じテンポで同じ知識を吸収する必要があるのでしょうか。子どもが何かの瞬間に、あることにとても興味をもったら、まずはその場でそれを深く追求するゆとりを与える。別のことに夢中になっている子どもには、そちらをもう少し深いところまでやらせてみる。そういうふうに、一人ひとりの子どもの個性を尊重する態度がこれからの教師に求められる力だと思います。

学校選択制と序列化の問題

苫野　オランダは学校選択制を導入していますが、その場合、虹色にならずに同じ色の子ばかりが集められるといったことは起こらないのでしょうか？

リヒテルズ　そこは大変難しいところで、学校選択制のもとでは、学校に対して似た期待をもっている人たちが集まってくるわけですから、どうしても一つの学校の中で生徒の同質性が高くなってしまう面はあります。

苫野　なるほど。問題がまったくないとはいえないのかもしれませんね。でもどうなんでしょう、それでもなお、序列的ではないとはいえるんでしょうか？

リヒテルズ　そうですね。オランダの場合、学校の選択肢はもともと、階層というより、宗派的な違いや教育方法上の違いによるものでしたから、必ずしも序列的なものではなかったのです。しかし、移民や難民が流入し、そうした人々の集住地区が形成されてくる中で、特定の人種の比率が高い学校ができてくるといった状況もたしかに生じてはいます。ですから学校選択制を残すのか、学区制を取り入れるかは、両者のプラス面とマイナス面、また、前提となる公教育のヴィジョンの違いなどを考慮すると、なかなか一概には判断しがたいところではあります。

ただ、メディアなどでこうした問題についての議論が白熱してくると、少数ではありますが、白人系の親の中に、あえて移民の子どもたちがたくさんいる学校に自分の子どもを入れ、社会のリアリティに触れさせる、といった人が出てきたりするんです。これも「教育の自由」があり、選択の自由があるからこそです。

苫野　なるほど。

リヒテルズ　ですから、教育についての議論、苫野さんがやっていらっしゃる「よい教育とは何か」といったテーマでの議論を社会全体で広く行い、メディア上でもそうした議論が常に目につくという状況があることが、学校選択制の利点を活かすためにはとても大切になります。

いままでの日本の状況は、世の中の人が教育についていろいろな考えをもっているんだけども、それを公的に議論したり、学校教育の中にうまく反映させたりするパイプがないという点が問題です。同質性の高い子どもたちを一つにまとめることが本当に学びを効果的なものにするのか、そもそも同年齢の子どもたちは同質性が高いという前提は正しいのかといったことを、管理職者や行政官らが教員や保護者を招き入れて、もっと議論していくべきではないでしょうか。

苫野　日本における学校選択制についていうと、私自身は、これには長らく基本的には反対の立場です。いまの段階では、学校の序列化とその固定化が生まれやすいため、リスクが高すぎると考えています。でも、オランダのあり方などをみると、条件さえしっかり整えたなら、長い目でみれば全否定されるべきものではないとも考えるようになっています。

日本の教育行政には、かつて、学校選択の結果をみて、人気のある学校にはご褒美を、人気のない学校には罰を、なんていう発想もありました。でも本当はまったく逆なんですよね。むしろ、しんどいところにこそより手厚く手当てをしないといけない。そういう、私の言葉でいう「一般福祉」の原理さえ底に敷いていれば、学校選択制をむしろ「一般福祉」に資する制度として設計することもできるかもしれません。

リヒテルズ　日本に選択制をすぐに導入することについては、私も否定的です。その理由は、日本の学校教育は長らく上の学校への進学率という尺度だけで測られてきており、保護者の学校への期待も、大部分はそこに焦点が当てられているからです。そういう状況で選択制を導入しても、進学率を基準にした学校選択しか行われず、子どもたちの全人的な発達に資するかどうかという観点は蔑ろにされてしまうでしょう。ですから、入試制度を根本から見直すというアクションとセットでなければ、選択制は取り入れるべきではないと思います。

苫野　オランダで学校選択制がうまく機能しているのは、やはり私立校も基本的に無料だというのが大きいですよね。

リヒテルズ　その通りです。「よい教育とは何か」についての考え方（教育理念）や、個別の子どもの発達を保障する方法をさまざまに工夫している複数の学校の中から、親は、財政的な負担を気にすることなく、わが子のための学校を選べます。

苫野　50〜60年の長いスパンでみれば、日本の私立学校も、オランダのように無償化していくのが理想なのかもしれません。もちろん、私学の建学の精神や教育内容・方法の独自性はしっかり保障する。でもそのうえで、学費と、できれば学力選抜もなしにするという方向にもっていく……。非現実的な話かもしれませんが、「教育機会の均等」を徹底するなら、本来はそうすべきだという気もします。

リヒテルズ　国の教育予算を、教科書の作成や教員の管理のために使うのか、それとも、保障された自由裁量権のもとで教育実践をしている学校に直接支給し、現場の教師が最善のツールを選べるようにするのか、という違いです。後者の方向性をとれば、現在、学校の外だけで広がっている教育関係企業のさまざまなノウハウを、学校の中で活用する方法も見つけられます。教育産業の力は、お金のある人たちが私的に利用するだけではなく、より広い範囲の子どもたちのために、国の予算を使って公教育の中で活かしていくべきです。

教育のゴールと大学のあり方

リヒテルズ　日本の学校教育の問題点の一つは、各段階で達成すべきゴールが明確になっていないことです。小学校修了、中学校修了、高校修了とは、いったいどんな能力を達成できたことを意味するのかが不明です。

苫野　学習指導要領がすべての子どもに保障すべき学力を定めていますが、オランダに比べれば不十分ということでしょうか？

リヒテルズ　本文（第2章3）にも書いたように、オランダでは、初等教育8年間（4～12歳）の修了時に達成すべき力を、「中核目標」として国が示しています。これは「必須項目」といった知識の束ではなく、どの子どもにも最低限達成させることが望ましいと考えられる能力やスキルの目標値です。また中等教育でも、いくつかのコース別に最終試験のレベルが詳細に取り決められており、それをパスしないと修了が認められません。

つまり、小学校でも中等学校でも、明確な目標に向けて、教材などを選択しながら教育を計画・組織していくようになっているのです。方法をさまざまに工夫し、子どもたちを規定のレベルに到達させるように指導しなければ、教育機関としての存在意義がなくなるということです。ここで「教育の自由」が威力を発揮します。とくに、オールタナティブ教育が開発してきた多様な教授方法が、ほかの学校でも真剣に検討される素地ができています。

日本の学校教育はよく「入口」の競争だといわれますね。日本では、入試に通るか通らないかで、その子の学力が評価されます。オランダやヨーロッパの教育では、いったん入学してきた子どもたちに対して、教員たちが最大限の努力をして、一定の「出口」のレベルに到達させるように支援するのです。

入試の合格率で学校の質を競争させる日本の学校教育では、教員たちは、「どこ」に向かって指導したらいいのか、ということをあまり意識しません。少子化が進んで生徒の母集団が小さくなればなるほど、こうした方法を続けていると、日本全体の知的レベルが低下してしまいかねません。

ただ最近では、大学入試制度が改革の渦中にあるようですね。

苫野　1点を争うセンター試験が廃止され、二つの新テストが導入される予定です。

一つは、高校卒業までに必要な基礎学力が育まれているかどうかを測るテストです。このことによって、リヒテルズさんがおっしゃる、一定の「出口」のレベルに到達させるよう支援する方向性がはっきり打ち出されるでしょう。

もう一つは、1点刻みではない段階別評価のテストです。ここで問われる学力は、いわゆる暗記型の知識学力だけでなく、私たちなりの言い方をすれば、探究型・プロジェクト型に対応した学力とされています。改革に携わる関係者からは、改革に伴うさまざまな困難をお聞きしますが、その方向性については、私はおおいに支持したいと考えています。

ただ、テストがどれだけ変わってもなかなか難しいのは、私がかねてから主張している「序列化の伴わない多様化」を実現することです。大学の序列化は、むしろより顕著になっていくかもしれません。一人ひとりに必要な知識・技能などは、それぞれ異なっているのだから、一本に序列化することなど本当はできないはずなんですが。

リヒテルズ　その点については、日本で現在「大学」という名がついている教育機関を整理するべきだと私は思っています。大学の先生の中には大反対する人がいるかもしれませんけど。日本やアメリカでは、本来の意味での総合大学、専科大学、専門学校など、ヨーロッパでは別のカテゴリーに属する機関が、全部「大学」という名前になっています。そのために、ヨーロッパの大学との単位互換制はおろか、国内ですら単位互換性を実施できないわけです。単位が互換できる大学のリーグをいくつかつくるべきですね。

そのような制度ができれば、たとえば中等学校の段階で、「自分は総合大学に行くつもりはない。○○になるための準備をしたいから、その専門学校に入るための勉強をするんだ」という選択を子どもたちができるようになるのではないでしょうか。こうしたほうが、名前だけ「大学」で、実際にはアカデミックなこともやらなければ、何かの職業訓練をしっかりしてくれるわけでもない教育機関で意味のない時間を過ごす必要はなくなり、しかも自己肯定感を傷つけることなく、それぞれが自分なりの道を進めるようになるはずです。

苫野　それが合理的だと思いますね。高等教育にはある程度カテゴリーを設けて、さらにカテゴリー間でできるだけ行き来ができる、やり直しもできる、生涯学習の機会ももっと増やすという形に、流動化させていくことが重要ですね。

学力テストではなく発達モニター

リヒテルズ　すべての子どもに必要な学力を保障するという観点からして、何らかの学力テストは必要だと私は思っています。学校をランクづけするためのテストではなく、子ども自身が自分の発達段階を確認するためのテストです。

しかし、いまの日本の学力テストというのは、どんな問題が出てくるか予想がつかないので、子どもはまんべんなく準備をしなければなりません。それで悪い点をとれば、ネガティブな気持ちになるだけです。

これに対してオランダの場合は、一人ひとりの子どもの発達をモニターするという発想です。すべての小学校に、国が認めた「客観的な」方法で、子どもたちの発達をモニターすることが義務づけられています。

その中で最も広く採用されているのは、ＣＩＴＯという会社が作っているＬＶＳという生徒発達モニターです。ＬＶＳでは、「国語」「算数」といった大雑把にカテゴリー化された教科に沿って子どもたちを点数評価することはしません。その代わりに、国語の領域では「語彙」や「読解力」、算数の領域では「数についての理解」といった項目が設けられています。そして、現在のその子の能力レベルを、継続的な発達の流れの中に位置づけて示してくれるのです。また教師と子どもが結果を共有することで、子どもが学びの主体として自分の発達に責任をもてるようになっていきます。

苫野　日本の学力テストは、平均点をとって比較ということをやりますよね。オランダではそういうことはないんでしょうか。

リヒテルズ　クラスごとの結果、学校ごとの結果を全国平均と照らし合わせたり、前年度のパフォーマンスと比較したりすることはありますが、市単位、学校単位で平均値を公表して競わせるといったことはありません。なぜかというと、地域ごとに親の学歴や文化的背景など生徒集団の特性が異なりますから、そうした外的な条件を無視して、一律に同年齢集団だからという理由だけでテスト結果を比較しても意味がないと考えられているからです。

ＬＶＳの要点は、半年ごとに同じタイプのテストを受けることで、教師が子ども一人ひとりの発達の経過を正確にフォローしていくことです。教師は、この結果をもとに、指導法や教材を柔軟に変えて指導することが期待されています。子どもたちにとっての「最近接発達領域」（第1章1参照）がどこであるかを明確にすれば、教師たちは、どこに働きかければよいかがわかります。

ですから、ある子どもが、いずれかの分野の成績で同年齢の平均を相当に下回っていたとしても、半年後に向上していれば、問題であるとはみなされません。知的に遅れのある子などに対して、平均的な発達を期待することができないのは当然です。そういう場合、「できない子」と決めつけて落ちこぼれさせるのではなく、その子なりのテンポに合わせて発達を支援することで、伸び切れるところまで伸ばしてやる。それが、子どもの「最大限の発達を保障する」ということの意味なんです。

苫野　日本では、テストは序列化と選抜のためのツールだという発想が強すぎるように思います。でも、義務教育の場合、それはまったく違うんですね。義務教育におけるテストが何のためにあるかというと、まさにオランダのように、一人ひとりの子どもがどのあたりにいるのかということをモニターするためです。そしてその結果を、次の教育・学習活動に活かすためです。

そうした発想が弱いまま、たんに平均を比較するなんてことをやっていたら、一部の子どもたちの排除が起こってしまいかねません。平均点を上げるには中間層を狙うのが一番ですからね。上は100点以上にはなれないし、下はそう簡単には伸びないから見捨ててしまおう、となる。県や管理職などから「学力を上げろ」といわれ続けたら、先生たちは知らず知らずのうちにそうした発想になってしまうこともあるだろうと思います。「学力を上げろ」というのは、多くの場合「平均点を上げろ」ということですからね。

全国学力テストや自治体単位のテストの際に、発達障害の子を除外していたことが発覚して、問題になったことがありましたよね。これはもちろん言語道断な話ですが、これも結局は、義務教育におけるテストの本質が理解されていないからこそ起こった問題です。

こうした、平均点による比較や序列化という発想をやめ、テストは一人ひとりの学びをモニターして、学習に有効活用するためのものなんだという発想を、今後もっと徹底する必要があると思います。私の友人が教育委員会で調査研究室長を務めている杉並区では、そうした発想による独自の学力モニターを行っています。全国に広まってほしいところです。

リヒテルズ　日本の政府は、安易な学力テストで子どもたちを追い立てることをやめ、こうしたツールの開発に真剣に取り組むべきですね。

先ほど苫野さんがおっしゃった、発達障害の子を除外したという問題は、10年ほど前にアメリカでも同様のことが起きています。No Child Left Behind Act（落ちこぼれゼロ法）という、名称だけみるとよさそうな教育政策が実施されたのですが、結果的には悪質なもので、このせいで学区間の競争をやらされたり、成績の低い子どもはテストの日に欠席するように言われたり、ある学校では教職員がこぞって実際の点数に下駄を履かせたりと、さまざまな不正が起きたことがよく知られています。それなのに、なぜ同じようなテストを日本が始めたのか不思議です。

苫野　全国学力テストは、1960年代にも行われていましたが、学校や自治体間の過度の競争が問題になり中止されました。それが、2007年、社会問題になったいわゆる学力低下問題を背景に43年ぶりに復活しました。知識力を問う「A問題」に加えて、知識活用力を問う「B問題」というのもでき、これからの時代に対応した部分も少しはあるかもしれませんが、平均に気をとられるという点では何ら進歩がありませんね。

リヒテルズ　大切なのは、一人ひとりの子どもの発達を、子ども自身のためにしっかりモニターすることです。

苫野　まさに。もっとも、実は全国学力テストは、そのことを調査目的にすると明記されているんです。それが、教育関係者や親のあいだで十分理解も共有もされていないことが、やっぱり一番の問題ですね。何のためにテストをやるのか、いま一度、十分なコンセンサスを得ていきたいものだと思います。

本当のアクティブ・ラーニングとは

リヒテルズ　そろそろアクティブ・ラーニングの話に入りましょうか。

苫野　本文（第2章4）にも書いたように、私はアクティブ・ラーニングの方向性そのものには賛成しています。ただ、「協働させておけばいい」というふうになってしまうと、これは問題だと思っています。子どもが自分で学びを進められる環境を学校や教師がつくろう、というのが基本的な発想のはずで、決められた枠の中で「はい、アクティブにやりなさい」というだけとは全然違う。

リヒテルズ　アクティブ・ラーニングはコーポラティブ・ラーニングと必ずしも同義というわけではありませんからね。それに、アクティブにならなければいけないのは、人の行動ではなくラーニングそのものです。一人で静かにやっていたってアクティブ・ラーニングは可能です。

オランダやヨーロッパの学校教育は、ティーチング・プロセスからラーニング・プロセスへの移行という流れの中にあります。従来のティーチング・プロセスに焦点をおいたやり方は、「教材は何を使うか」とか、「どんな授業をするか」「どこでどういうふうにグループを組ませるか」といった教師の側からの働きかけばかりを考えていくものです。これに対して、ラーニング・プロセスに焦点をおくやり方は、一人ひとりの子どもの学びの形は違っていいという前提で、それをどのようにファシリテートしていくか、という発想です。この発想転換をしないまま、ティーチング・プロセスとしてアクティブ・ラーニングをやってしまうと、本来の目的を達成できないだろうと思うのです。

アクティブ・ラーニングが日本で形だけやたら流行っているのをみて違和感を覚えるのは、子どものラーニング・プロセスにはいろいろな型があることには注目せず、大人たちだけが、どうしたらアクティブ・ラーニングを「ティーチング」できるかで大騒ぎしているようにみえることです。

苫野　私が「一斉アクティブ・ラーニング」と名づけたものですね。結局みんなで一斉にやるんかい、という（笑）。

リヒテルズ　もう一つ、逆の意味で大変危険だと感じているのは、アクティブ・ラーニングを安易に理解してしまうと、子どもたちの主体性に任せさえすればいい、という極論につながりかねず、その結果「自由放任」を肯定してしまう危険性があることです。

デューイやルソーといった教育思想家たちは、子どもを「双葉が出てきたばかりの芽」のような存在だというふうに考えていますね。子どもには自分らしく育つ力がある、と。でも、双葉は、土を入れ替えたり、水を与えたり、光に当てたりしてやらなければ成長できません。そうしたことを一切せずに、双葉を日照りに放置したら、きっと枯れてしまいます。

苫野　その通りですね。戦後、日本では、デューイ流の教育が「這い回る経験主義」と揶揄され批判されたことがありました。まさに、学びの連続性や系統性を無視した、自由放任の教育と捉えられてしまったんですね。実際、そういう実践はけっこうあったと聞きます。アクティブ・ラーニングも、見た目だけのアクティブさにばかり気をとられていたら、同じようなことになってしまうかもしれません。

リヒテルズ　いままで日本の教師たちは、自分の勘や知識を使って何か働きかけをしようとすると、上からの管理で押しつぶされてきたわけでしょう。余計なことをするな、学習指導要領を守れ、と。最初にも言ったように、教育の多様化や自由化を実現できるかどうかは、突き詰めれば、教育者を信用して自由裁量権を広げることができるかどうかにかかっていると私は思っています。そうでないと、アクティブ・ラーニングも指導書通りにやれば済むということになるし、結果として子どもたちを自由放任するだけで、子どもの学びは効果的に支援されず、場合によっては、多くの子どもの潜在的な能力を無駄に枯らしてしまわないとも限りません。

苫野　実は、アクティブ・ラーニングが本格的に世に出てくる前に、文科省の人たちと意見交換をしたことがありました。私は、その方向性には賛成だけれども、「上」から「やれ」と言うのではなく、現場でそういうことをしたいという先生たちを徹底的にサポートする方向で打ち出してほしいと言いました。

結局は、「上」からの感が強い形でアクティブ・ラーニングが出てきましたが、私の感触では、少なくとも私が交流している文科省の人たちは、現場の先生たちを縛ろうなんて思ってなくて、むしろ現場主体でおおいに創意工夫してほしいと考えています。アクティブ・ラーニングを現場に強制したいというよりは、アクティブ・ラーニング型の実践をしたい先生たちに、〝お墨付き〟というか、安心感や勇気を与えたいという思いが強いんじゃないかとも思います。もっとも、この「上」からの提言が、現場をさまざまな形で混乱させているのは事実だと思いますが。

リヒテルズ　イエナプラン教育に私が注目している理由は、それが本当の意味でのアクティブ・ラーニングを追求し、しかも、子どもの力をお互いの学びのために利用しているからなのです。教師は、子どもたちをしっかり観察し、子どもたちの好奇心に火をつけ、「これだ！」という学びの瞬間がみえた時に、彼らがそこから探究するチャンスが得られるようにしてちょっとした刺激をしてやる……それが本当のアクティブ・ラーニングだと思います。

苫野　そうした経験を、教師も子どもたちも、今後もっと積んでいってほしいですね。

リヒテルズ　アクティブ・ラーニングが目指しているのは、子どもたちの自立や主体性だと思いますが、それは一気に身につくものではありません。学校は、そうしたものを段階を踏んで子どもたちに身につけさせるために用意された場です。

ちなみにイエナプランでは、子どもの役割を発達に応じて徐々に広げていくことが大切だと考えます。たとえば4歳ぐらいの子どもなら、お花の水やりや本の整理といったことから始めて、年齢が進むにつれて先生から生徒に役割を少しずつ受け渡していくのです。小学1年生になったら自習時間にどんな順序で課題を進めるかを生徒自身で決める、もう少し高学年になったらクラスの話し合いを生徒だけの力で進める、といったように。このようにしていけば、6年生になった時には、先生が教室にいなくても、子どもたちだけでやるべきことができるようになります。

実際、こんなふうに、やるべき課題を責任をもって進められるような人間になってもらわなければ、社会に出た時に頼りないですよね。このようにターゲットを見据えつつ、徐々に手引きしていくのが教師の本来の仕事ではないでしょうか。

苫野　なるほど。とても重要なご指摘ですね。

リヒテルズ　また、アクティブ・ラーニングを一気にやると、それにすぐに対応できる子だけが目立ち、「あの子はアクティブ・ラーニングが合う」という話にならないとも限りません。アクティブ・ラーニングにはいろいろな型があるはずですが、その時に用いられた型でできた子だけが「主体性がある」と評価されたりすると、大変問題です。学力でもそうですが、放っておいてできる子よりも、指導が必要な子に対して適切な指導ができるかどうかが、教育者としての力の見せどころであるはずなのですが。

苫野　まったくそうですね。これまでは、大人しく授業を聞いて、いわれたことをいわれた通りにできる子どもが「できる子」とされていた。それが今度は、教師が想定した〝アクティブ〟な学習ができる子が「できる子」とされる。それだと本末転倒ですね。

リヒテルズ　近代教育の目的とは、本来、すべての子どもにデモクラシーに根ざした社会の一員になってもらうことですよね。苫野さん流にいえば「自由の相互承認」ができる子どもたちを育てるということです。そして、全員が世の中に真剣にかかわるようにしていかないといけない。そうだとすると、実は、先生が期待する通りの答えを勢いよく答える子どもよりも、教師にも答えがわからない問いを発する子、教師にも思いつかない独創的な発想をする子こそが、これからの社会では最も重要な存在であるかもしれないのです。

プロジェクト型の教員養成に向けて

苫野　新たな教育のためには、教員養成、教員研修のあり方も考えていかなければいけませんね。

リヒテルズ　教師がティーチング・プロセスではなくラーニング・プロセスとして教えられるようになるために、どのような教員養成をすればよいか、ということですね。

苫野　私のみるところ、現在の教員養成のカリキュラムは、いまだにティーチング・プロセスに基づいた教育観が主流のように思います。また、「コンテンツ・ベースからコンピテンシー・ベースへ」とか、「プログラム型からプロジェクト型へ」とかいわれて久しいのに、いまなおコンテンツ・ベースでプログラム型がメインです。早急に見直さないと、どれだけ教育改革をやったところで砂上に楼閣を築いているようなものです。教師自身が「プロジェクト型」の学びや「ラーニングプロセス」に軸足を置いた教育の経験を十分積めていなければ、学校現場に出て実践できるわけがないですからね。

その観点からいえば、大学（教員養成）の授業が、決められた時間に毎週みんなで集まって行われるということも、これまでの私たちの話からすればちょっと非合理的なんですよね。それが90分延々講義を続けるスタイルの授業であればなおさらです。

私は、今後15年くらいかけて、教員養成のカリキュラムを徹底した「プロジェクト型」に変えていくことを提言したいと思っています。細かく定められたお仕着せのカリキュラムからは脱却して、学生たちは、たとえば「教育原理」「教育行政」「教科教育法」といった大テーマの中から、年間4～5個を選択する。そしてその中からさらに小テーマを選んで、それらについての問いを自分たちで立てる。たとえば、大テーマとして「教育原理」、小テーマとして「デューイの教育哲学」を選択したとしたら、「デューイの教育哲学は現代教育に具体的にどのように取り入れられているか？」といった問いを自分たちで立てて探究する。大学教員のメインの仕事は、その探究をとことんサポートすることとする。

そもそも、大学教員のほとんどは「教える」ことのプロじゃないわけですから、つまらない講義を学生たちに90分も聞かせるなんて、お互いにとって不幸だし非効率です。その一方で、研究者である教員は「探究する」ことのプロです。だから、学生たち自身の探究に寄り添い、サポートすることができる。毎週90分の講義をやめて、オフィスアワーをふんだんに設けて、学生たちの質問などに答えたりアドバイスしたりするスタイルにしたほうがいいんじゃないかと思っています。まさに、大学教員自身が、ティーチング・プロセスからラーニング・プロセスへと授業のあり方を変える必要があるのです。そして学生たちは、半年に3回とか4回、同じ大テーマを選択した人たちで集まって、それぞれの探究成果を報告し合い議論する。そうしたカリキュラムに変えていくことはできないかと考えています。

ただ、その際は、教員採用試験の存在が大きなネックといえるかもしれません。

リヒテルズ　そうなんですよね。日本の大学は試験対策と研究機関としての機能にばかり目がいってしまっていて、次世代の知識人層を全人的に育てるための教育機関であるという意識が低く、教授技術にはあまり関心がないようにみえます。学生たちを「教育」するためのスキルや情報を、日本の大学教員たちはほとんど意識していないのではないかという気がします。

苫野　そうですね。私自身は、教員採用試験をパスするのに必要な程度の知識・技能であれば、プロジェクト型のカリキュラムだけで十分修得可能だろうと考えています。でも、「試験対策」が重視されると、どうしてもプログラム型にならざるをえないんですよね。面接に関しても、どういう受け答えをするのがいいか、模擬授業の組み立て方をどうするかといったノウハウを教え込まれ、学生たちは結局みな同じようなスタイルに染められていくわけです。

ついでながら、模擬授業といえば、多くの場合「一斉授業」型の授業を求められます。学生たちは、生徒とのやりとりを想定した模擬授業もがんばってやっていますが、それも結局は教師主体の授業です。こうした現状をみるにつけ、教員養成課程の改革は、教員採用試験の改革とセットでやらないといけないなあと思います。

リヒテルズ　私も日本型の教員養成は本当に古いなと思いますね。ヨーロッパだけじゃなくアメリカでも、教員養成と現職教員の研修はほとんどが実習型です。

オランダの事情をお話しすると、小学校教員の養成は、小学校を卒業し、5年制の中等学校に進んだ後に入学する高等職業専門学校（HBO）という学士レベルの修了書を取得できる4年制大学で行われます。

私が何度か見学に行ったトーマス・モア教員養成カレッジでは、学生たちはたとえばこんな課題に取り組みます。5、6人ずつの学生のグループに、学習障害をもつ架空の小学生に関するさまざまな情報の含まれたファイルが渡されます。情報というのは、就学前の診断書、前担任からの申し送り事項、心理テストや発達モニターテストの結果といったものです。学生たちは、その子どもの担任になったつもりで、共同で指導計画を立てるのです。それにあたって、足りないデータは何か、どうすればそのデータを取得できるのか、集めたデータをもとにどのように指導計画を立てていくか。学生たちは数週間かけてその課題に取り組みます。共同であることによって、一人では思いつかない考えに触れることができ、見方や立場を変える訓練にもなります。

トーマス・モア教員養成カレッジの場合、2年生までにオールタナティブ教育を含む一般的な教育理論について学び終えます。3年生以降は、いま言ったような課題に取り組みながら、個別の子どものニーズに合わせた授業をどう展開すればいいか、ということにテーマが移行します。後半2年間で、特別な学習ニーズをもつ子どもへの対応の仕方を徹底的に学ぶことで、今日「個別対応教育」を実施している小学校で機能できる教員を目指すのです。この期間は、実際の教育現場で遭遇すると思われるさまざまな事例を想定した課題に取り組んでいきます。また学校での実習も増えますから、そこで出会った事例への対応の仕方を、指導教官やほかの学生と意見交換しながら自分なりに導き出していくといった活動も増えていきます。

もともとオランダでは、教員養成課程に入ると、全体の約4分の1の時間が小学校での実習に割かれます。実習には1年生から入ります。1年生の時には教員の補佐を、2年生では少し授業を行い、3年生では学級管理などにもかかわります。最終学年の4年生になると、授業だけではなく、学級管理、特別行事での指導、職員会議への参加、保護者とのコミュニケーションなど、教員がやるべき仕事の一切を経験します。学生は週に1日だけ大学に戻ってきて、教官の指導を受けたり、学生同士で議論をしたり、課題に取り組んだりします。

オランダの教員養成大学の指導者たちは、教員養成では、理論と実践を往還しながら学ぶことが大切だということをよく口にします。大学で学んだ理論を現場でどう応用すればいいのか、現場の問題について理論ではどんなことが結論づけられているのかといったことを、責任ある教師になる前に繰り返し経験しておくことで、実際に教員になった時の準備ができるのです。

苫野　日本でも、理論と実践の往還はずっと言われていることですが、もっともっと実質化していく必要がありますね。

教員が学び続ける仕組みをつくる

苫野　教員研修については、オランダではどのような形で行われているのでしょう?

リヒテルズ　オランダでは、教員一人当たり年間およそ1000ユーロの研修費が出ています。つまり13万円くらい。

苫野　すごいなあ。

リヒテルズ　それは、教員が常に向上し続けることが期待されているからです。教員たちが旧態依然とした、すっかり慣れきったやり方を漫然と繰り返すのではなく、絶えずアップデートし、専門性を維持していかなければならないという考え方は社会全体で共有されています。現代という時代は、非常に早い勢いで社会が変化し、大量の情報が世界中を駆けめぐっている時代です。そういう数年先の社会を予測することができない状況の中では、子どもたちに何をどう教えていかなければならないのかということを予測するのも難しい。となると、教員たちは、教員養成大学で学んだ知識だけでその先何年間も教え続けることができないのは明白です。子どもたちに対して、教師自身が「学び続ける」姿勢を示し続けることが非常に大切だと思います。

１９６０年代末以降、オランダでは、それまでの画一一斉授業から、個別の子どものニーズに合わせた教育をするための改革が始まりました。その時にまず国が取り組んだのは、教材・教育方法の多様化と、現職教員の再研修の仕組みをつくることでした。国立カリキュラム研究所を設置し、ベテラン教師やオールタナティブ教育の専門家、大学の研究者などを招いて、教材開発のプロジェクトが始まりました。その成果は、試験的な教材、ガイドブック、報告書などの形で公開されました。教員たちが授業の参考にすることもできるし、教材会社が新教材を制作する時の参考にもなるものです。

このような形で開発された新教材や新教育方法を、全国の教員の手に届くものにするため、国はさらに地方自治体と経費を分担し、（九州とほぼ同じ面積の）オランダ全土に約60ヵ所の「教育サポート機関」を設置しました。地域の学校の教員たちは、このサポート機関で開かれる講習会や新教材の展示会に出て、教材選択のアドバイスを受け、最新のデジタル機器に触れるなどして学校の教材購入の参考にします。このほか、サポート機関の指導者（多くは元ベテラン教師や教育学、教育心理学などの専門家）たちは、担当地域の学校に対して、学校ごとに教職員チーム全体を対象としたワークショップを行ったり、教室に入っていって教員の授業をビデオに収め、コーチングをしたりしています。

その後、教育サポート機関は緊縮財政のために民営化され、合併が進んで数も減っています。またサポート機関のサービスは、学校に一括支給される教育費で学校が選択的に購入する形に変わりました。しかし、30年間にわたって続けられてきた学校サポートの仕組みはオランダの学校文化の一部となっており、現在でもほとんどの学校が、従来同様、定期的にサポート機関からの支援を受けています。

苫野　オランダの魅力は、そうした制度的な研修の仕組みが整備されているのと同時に、教員たちの自主性が重んじられているところだと思います。日本だと、教員免許更新講習も含めて官制研修が非常に多くて、あまり自由度がない。昔は日本でも自主研修の文化が強くあったんですけれど。その活力をよみがえらさなきゃいけないと思います。

リヒテルズ　オランダでは、学校教員に限らず、個人のキャリア向上のために職場から資金をもらって研修を受けることができる制度が一般的です。それを使って、現在の仕事に直接関係がなくても、自分の能力を拡大するための研修を選んで受けられるのです。ですから、大学や民間の企業がそういう研修をたくさん提供しています。
日本では、国や自治体の首長・教育長や教育委員会が「教員の質が落ちた」「教員が悪い」という批判をすることはあっても、それを改善するための専門的な研修の機会や資金を提供することはほとんどありません。総合学習の敗因も実はそこだったのではないかと私は思います。教員免許更新の受講費用すら教員が自己負担しなければなりません。アクティブ・ラーニングも、本当に普及させたいのならば、教員がそれをきちんと理論的かつ実践的に学べる仕組みを公費を使って保障すべきです。美辞麗句を並べた掛け声だけでは、教員は「またか」とうんざりするだけで、積極的に取り組もうとはしないでしょう。

はじめの一歩をどう踏み出すか

――最後に、学校の先生や保護者の方たちは、第一歩としてどんなことができるでしょうか。

リヒテルズ　教員同士がつながり合う必要性はとても大きいと思います。最近出たばかりのOECDの教育改革に関する報告書[*51]でも、教員たちが一つのチームとして動けるような体制を保

※51　Schleicher, A.: *Teaching excellence through professional learning and policy reform: lessons from around the world*. OECD Publishing, 2016.

障することが大切だとされています。日本の場合そこが弱く、教員同士がバラバラで、非協力的で相互承認できていないケースが多い。教員たち自身がお互いの違いを乗り越え、尊重し合いながら協力するという態度や行動を養ってきていないのではないでしょうか。必ずしもみなが同意する必要はありません。違う見解でいいのです。そこからお互いが学ぶ姿勢をもってさえいれば……。

ただ現実問題として、日本の教員はあまりに多忙で精神的にも余裕がなくなってしまっています。まず国は、事務作業の負担を制度的に軽減するとか、残業を減らすための機材やツールを提供するなど、公的資金を投じてなんとかすべきだと思います。

苫野　いま、文科省が「チーム学校」という言い方をし始めていますね。教員だけじゃなくて、スクールソーシャルワーカーやスクールカウンセラー、地域の人なども含めてチームとして考えて動いていこうという流れが、うまく進んでいけばいいなと思います。それが教員の負担軽減にもつながれば、と。

リヒテルズ　それは国際的な流れでもありますね。ただ、「地域の人」をあまり安易に学校に介入させると、地域の有力者などが学校の教員を見下したような発言をするというような状況が生まれて、教員たちが萎縮してしまわないかという点は少し心配です。まず学校の教員が教育の専門家であるという立場を固めること、そのために、前にも言った通り、常に知識やスキルをアップデートする仕組みを公的資金を投入して確立することが先決だと思います。そのうえで教員たちが、「私たちはこの学校で新しい時代をつくろうとしていて、そのために市民社会の練習をしています、そこに加わってください」という発信をコミュニティに対してしていけば、学校をベースとした小さなレベルから社会変革が生まれていくはずです。

苫野　オランダはそういう発想ですね。日本の「チーム学校」も、学校ベースという発想はもちろんありますが、たしかに現場の先生方からは、リヒテルズさんのおっしゃるような危惧をよく聞きます。

教師の協働性ということはどこでも言われるんですが、実際なかなか難しい面もあるようです。みんな、「もっとコミュニケーションしよう」と言うんですけど、じゃあ何をするかといったら、飲み会をするくらいのものだったり（笑）。

リヒテルズ　学校職員のチームづくりという点では、校長の果たす役割を見直す必要があるのではないでしょうか。先日、横浜の中学校で民間人校長をしておられる平川理恵さんにお会いしましたが、彼女が言うには、企業など普通の営利組織であれば、その集団が何を生み出すかが何よりも大事なので、上から管理して、社員が何もできないような状況にすることなどありえない。上に立つ人がメンバーの力を最大限発揮させるようにするという、組織にとって当たり前のことがいまの日本の学校ではできていない、と。そこで平川さんは、予告なしにクラス訪問をして担任の先生にコーチングをしたり、相談役になったり、先生たちがお互いに話しやすい場をつくってあげたりしているのだそうです。これまで日本の校長先生は、そうした学校チームをマネジメントするような役割を果たしてこなかったのではないでしょうか。先生が子どもたちをファシリテートして主体性を引き出さなければならないのと同じように、教員たちがグループとして信頼関係をもって仕事ができるようにするためのファシリテーターの役割を校長が負うべきでしょう。行政も、そういう役割を校長が負えるような環境づくり、制度づくりをしなければいけないと思います。

苫野　もう一つ、現場の先生にすぐできることは、たとえばこのような本を読んでいただいたら、読書会を開いたりして、いろいろ意見交換をして、ヴィジョンの共有をぜひやっていただきたいなということです。もちろん、私たちの考えもおおいに批判いただければと思います。重要なのは、ただ飲み会をやるだけじゃなくて（笑）、共通の素材を通してヴィジョンをともに明確化していくということかなと。そして、具体的に何ができるか、考え合っていく。

リヒテルズ　その通りですね。何でもいいのですが、話題になっている本を共同で批判的に読み進めるというのは、お互いを知り信頼関係を築くためにとても有用なやり方だと思います。ピーター・センゲらが書いた『学習する学校』も、その意味ではとても使える本ですよ。また、できれば、保護者と教員のあいだでもそういうことができるといいですね。

子どもにとって、親と教師は、彼らが毎日触れている数少ない大人集団です。その大人たちが対立したりいがみ合ったりしていては、将来出ていく社会のイメージは暗いものになってしまうでしょう。教師たちも親たちも、みな、この日本、そして世界の未来を憂いつつ、自分の世代よりももっと生きやすい社会を子どもたちに残してやりたいという気持ちは同じだと思うのです。常に忌憚なく意見交換できる関係を維持し、家庭では何ができるか、学校ではどうしたらいいのか、ということを双方から考える。専門家集団としての教員チームの外側に、子どもを取り巻く環境としての第二のチームづくりができるといいと思います。

苫野　それはいいですね。実際に、私の本を教員と保護者の方たちとで読んで意見交換するという会を開かれた学校があって、私もお招きいただいたことがありました。その会を通して、「みんなでこの学校をつくっていこう」という意識が共有されていくのを感じました。

教師はサービスの供給者で、親や子どもはサービスの受け手、というわけじゃない。学校は、みんなでつくりあっていくべきものですね。

リヒテルズ　大人たちが、教育をめぐって、対立項（違い）だけでなく、共通項（共感）を見出していく取り組みはとても大事だと思います。みんな子どものためにやっているわけですからね。

あ、それから、忘れずに付け加えておきたいのですが、教員も保護者も、子どもにかえって一緒に楽しく遊ぶことが大事だと思います。いつも深刻な表情で話し合っているだけではなく、時には、思い切り一緒に笑い転げられる遊びや催しの場をぜひつくっていってほしいです。このようにして楽しく「共感」の輪を広げることが、国境を超えた地球社会の建設にとっては本当に必要なことなのです。

あとがき

苫野一徳

リヒテルズ直子さんの『オランダの教育』（平凡社、二〇〇四年）に出会ったのは、わたしがまだ博士課程に在籍していた大学院生の頃でした。ジョン・デューイをはじめとする、いわゆる「新教育」の思想を研究していた当時のわたしは、オランダの教育と、リヒテルズさんの先進的な教育思想に強いシンパシーを覚えると同時に、これからの日本の教育が進むべき道を確信しました。

それからちょうど10年、来日（一時帰国）されたリヒテルズさんにはじめてお目にかかることができました。すぐに意気投合し、その夜は、長い教育談義に花を咲かせました。

その数日後、「未来の教育への提言」と題された対談イベントが千葉県浦安市で開催されました。司会は、二人をよく知る、わたしの大学・大学院時代の同期であり、教育コンサルタントにして現千葉県柏市議会議員でもある、山下洋輔さん。

一を言えば十を理解し合える対話が楽しくて、対談後も、リヒテルズさんの超過密スケジュールを心配しながらも、気がつけば午前2時頃まで、3人で飲み語り合っていました。

その翌年にも、今度は福岡県の西南学院大学にて、リヒテルズさんとの2回目の対談イベントが実現しました。

そうして、2015年の年末、熊本大学のわたしの研究室の学生たちも一緒に、ようやくオランダの教育視察に行くことが叶いました。リヒテルズさんにコーディネートいただいて、イエナプラン校をはじめ多くの学校を訪問し、著名な教育学者の方などとも交流の機会をもつことができました。

その折りも、やはりリヒテルズさんとの話はいつまでも尽きませんでした。

本書は、こうした度重なる対話を通して練り上げられたものです。お互いの考えを熟知し合っているからこそ書き上げられた、とても密度の濃い本になったのではないかと思っています。

リヒテルズさんは、よく、自分は〝富山の薬売り〟のように、世界の先進的な教育実践を紹介し、これからの教育の姿を日本全国を行脚して伝えてきたとおっしゃいます。

はじめのうちは、それは時に孤独を覚えるほど、時代に先んじた活動だったのではないかと推察します。

しかしその芽は、いまやわたしたちの世代において十分に花開いています。

仮にリヒテルズさんの世代を第一世代とするならば、同世代には、同じように、すぐれた実践を行い、それを多くの人に伝えてこられた方たちがたくさんいらっしゃいます。そうした先達たちのおかげで、これからの時代にふさわしい教育実践のあり方は、いまやほぼ出そろったといえる状況になりました。

第二世代としてのわたしは、そうした教育実践が、なぜ、どのような意味において「よい」といえるのか、その原理的な底板をもう一度敷き直すことを仕事としてきました。そのことで、これまでさまざまに行われてきた教育実践の、たしかな土台を築き上げたいと考えてきました。

そしていま、その仕事も、ある程度は達成できたのではないかと考えています。もちろん、学問探究にも教育実践にも、完成などというものはありえません。吟味・検証を、これからもずっと続けなければなりません。しかし少なくとも、第一世代と第二世代の仕事を経て、日本の教育構想は、すでに次のフェーズに入っているのではないか。そう考えています。

「よい」教育の原理はわかった。それを可能にするための実践のあり方も出そろった。では次は、これからの公教育において、それをどのように〝実装〟していけばよいのか？　そのきわめて〝実務的〟な課題が、次に取り組むべき大きなチャレンジとしてわたしたちの前にあるのです。

本書で描き出されたような教育のあり方を、それぞれの学校は具体的にどのように取り入れ実践していくことができるのか。教師は、また管理職はそのためにどうあればよいのか。教育行政には何ができるのか。教員養成はどうあればよいのか。教育学研究者は、いったいどんな貢献をすることができるのか。
それぞれの現場で教育にかかわる人たちが、その得意分野を活かして、ぜひとも具体的な方策を探究・実践していただきたいと思っています。とりわけ、次の若い世代の人たちに、わたしはおおいに期待しています。

本書を担当してくださったのは、前著『勉強するのは何のため？』でもお世話になった、日本評論社の木谷陽平さんです。リヒテルズさんとわたしの初対面の時からご一緒くださり、2年にわたった本書の企画・執筆を、ずっと支え続けてくださいました。第4章の対談については、テープ起こしから編集まで、大変な作業もしていただきました。いつも全幅の信頼を寄せています。本当にありがとうございました。

これからの日本の教育が進むべき道を、本書が少しでも示すことができていれば。そしてそれを、少しでも多くの方が受け取ってくださったなら――。
わたしたち二人にとって、それ以上の喜びはありません。

リヒテルズ直子（りひてるず・なおこ）

1955年下関に生まれ福岡に育つ。九州大学大学院博士課程修了。専攻は比較教育学・社会学。1981～96年マレーシア、ケニア、コスタリカ、ボリビアに居住後、96年よりオランダに在住。翻訳、通訳、執筆業の傍ら、オランダの教育および社会事情に関する調査、著述、科研費共同研究などを行う。また日本各地で講演活動、オランダ人研究者や専門家を伴ってのシンポジウム等のコーディネートを行うほか、オランダにおいては各種団体の視察企画に協力、日本人向け教育研修も企画・実施している。グローバル・シチズンシップ・アドバイス&リサーチ社代表、日本イエナプラン教育協会特別顧問（設立時代表）。著書に『世界一子どもが幸せな国に学ぶ愛をもって見守る子育て』（カンゼン）、『オランダの教育―多様性が一人ひとりの子供を育てる』『オランダの個別教育はなぜ成功したのか―イエナプラン教育に学ぶ』『オランダの共生教育―学校が〈公共心〉を育てる』（いずれも平凡社）ほか、訳書にセンゲら『学習する学校―子ども・教員・親・地域で未来の学びを創造する』（英治出版）、ＤＶＤ（監修）に「明日の学校に向かって―オランダ・イエナプラン教育に学ぶ」（グローバル教育情報センター）ほか。

苫野一徳（とまの・いっとく）

1980年生まれ。早稲田大学大学院教育学研究科博士課程修了。博士（教育学）。専攻は哲学・教育学。早稲田大学教育・総合科学学術院助手、日本学術振興会特別研究員（ＰＤ）などを経て、現在、熊本大学教育学部准教授。著書に『どのような教育が「よい」教育か』（講談社選書メチエ）、『勉強するのは何のため？―僕らの「答え」のつくり方』（日本評論社）、『教育の力』（講談社現代新書）、『「自由」はいかに可能か―社会構想のための哲学』（ＮＨＫブックス）、『子どもの頃から哲学者―世界一おもしろい、哲学を使った「絶望からの脱出」！』（大和書房）ほか。

公教育《こうきょういく》をイチから考《かんが》えよう

2016年 8 月15日　第 1 版第 1 刷発行
2023年 3 月10日　第 1 版第 6 刷発行

著　者――リヒテルズ直子・苫野一徳

発行所――株式会社　日本評論社
〒170-8474　東京都豊島区南大塚3-12-4
電話　03-3987-8621(販売)　-8598(編集)　振替　00100-3-16

印刷所――港北メディアサービス

製本所――井上製本所

装　幀――図工ファイブ

検印省略　

ISBN 978-4-535-56345-2　Printed in Japan